من هون لهون

المملكة الأردنية الهاشمية
رقم الإيداع لدى دائرة المكتبة الوطنية
(2023/10/5377)

819.9

من هون لهون / صبيح، حسام جميل. عمان : جفرا ناشرون وموزعون

2023

الردمك: 0-80-793-9923-978

الواصفات: / الخواطر الأدبية / / الأدب العربي / / العصر الحديث /

جفرا ناشرون وموزعون

عمان - الاردن

تلفون : 00962781332881 - مراد سارة

ايميل : muradsarah01@gmail.com

(خـــواطر شعـــرية)

من هون لهون

الطبعة الأولى

حسام حمدان

٢٠٢٣

الإهداء

أهدي هذا الكتاب إلىٰ كل من يدرك أن الحياة تتطلب السعي من هون لهون لخلق أجواء التواصل والتفاهم للعيش بكرامة وإستقلال .

حسام حمدان

كفرراعي/بوسطن

٢٠٢٣/٥/١٥

❋❋ ❋❋

مقدمة

يعـد الشـعر والكتابـة وسيلتين مهمتين تسـاعدان علىٰ التعبيـر عـن الـذات والتعـرف علىٰ الآخـرين والعالم المحـيط بنـا. وفي هـذا الكتـاب، يأخـذنا الكاتب الفلسطيني في رحلـة إلىٰ عالمـه الخاص، حيـث يمزج بـين الشـعر والمقـالات ليعبـر عـن خـواطره وأفكاره بأسلوبه الخاص.

يقدم الكاتب في هذا الكتاب مجموعـة مـن القصائد التي تعبـر عـن المشـاعر الإنسانية العميقة والتي تتحدث عن الاصاله وحياه الفلسطيني البسيط والوطن والحرية. كما يقـدم مقـالات تنـاقش القضـايا الاجتماعيـة والسياسية والثقافية التي تؤثر علىٰ حياتنا جميعاً.

ومـن خــلال هــذا الكتـاب، يعبـر الكاتـب عـن أملـه في تحقيــق العدالــة والســلام والحريــة لشـعبه ولكـل الشـعوب التي تعـاني مـن الظلـم والقهـر. ويذكرنا هذا الكتـاب بـأن الشـعر والكتابـة يمكـن أن تكـون قـوة تغييـر حقيقية في العالم.

في النهاية، يمثل "من هـون لهـون" كتابـًا رائعـًا يحتـوي علـىٰ مـزيج مـن الشـعر والمقـالات التـي تعكـس رؤيـة الكاتــب الفلســطيني الفريــدة والمتميـزة. ونأمـل أن يلقىٰ هـذا الكتـاب الاستحسـان والاهتمـام مـن القـراء في جميع أنحاء العالم.

حسام حمدان
كاتب فلسطيني

شَدَفْ

قِرائَةْ سُطورْ شَدَفْ بِعَصْرِ عُيونْ

نَظَارَةْ بَطَّارِيَّةْ أَعْوانَا بِظَلامِ النَّهَارُ عَمَّرِ الْعُمورْ

عَبِينَ الْطَّرَفِ مَا عَرَفِ

ضَوِّةْ مُرورْ نَظْرةْ زَبونْ

حسام حمدان
كفر راعي/بوسطن
٢٦/٣/٢٠٢٣

❄❄ ❄❄

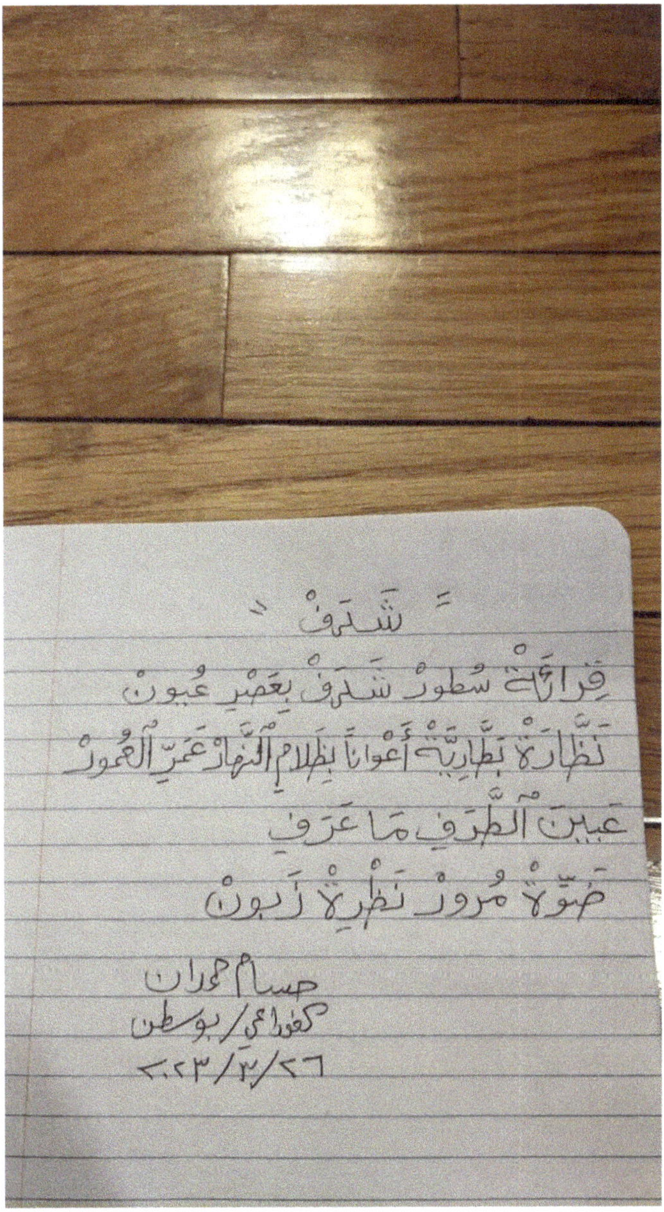

شَرَف

قِرَاءَةُ سُطورْ شَرَفْ بِعَصرِ عُيونْ
نَظَّارَةٌ نَظَّارِيَّةٌ أَعواناً بِظَلامِ النَّهارِ عُمِّرَ العُمورْ
عَينُ الطَّرفِ مَا عَرَفْ
ضَوءٌ مرورْ نَظَرِيًّا أَبونْ

حسام حوران
كفرناحي / بوسطن
٢٠٢٣/٣/٢٦

تَرْتيل

بَيْنَ الْحُروفِ وَأَشْبَعَ الْحَرَكَاتِ قَرَأَ الْمُفْلَحْ

نُوراً مِنْ بَيْنِ تَنَاياهُ التَّغْرَ الْأَلَصَّ مُرَتَّلْ

يُثَبِّتُ الْفُؤَادِ نَظَراً وَبِالْقَوْلِ يَتَمَهَّلْ

إِنْسَاناً حَلِيماً بِفُؤَادٍ صَادِقَا مَا يَرىٰ مُتَوَّجْ

حسام حمدان

كفر راعي / بوسطن

٢٠٢٣/٣/٢٧

✳✳ ✳✳

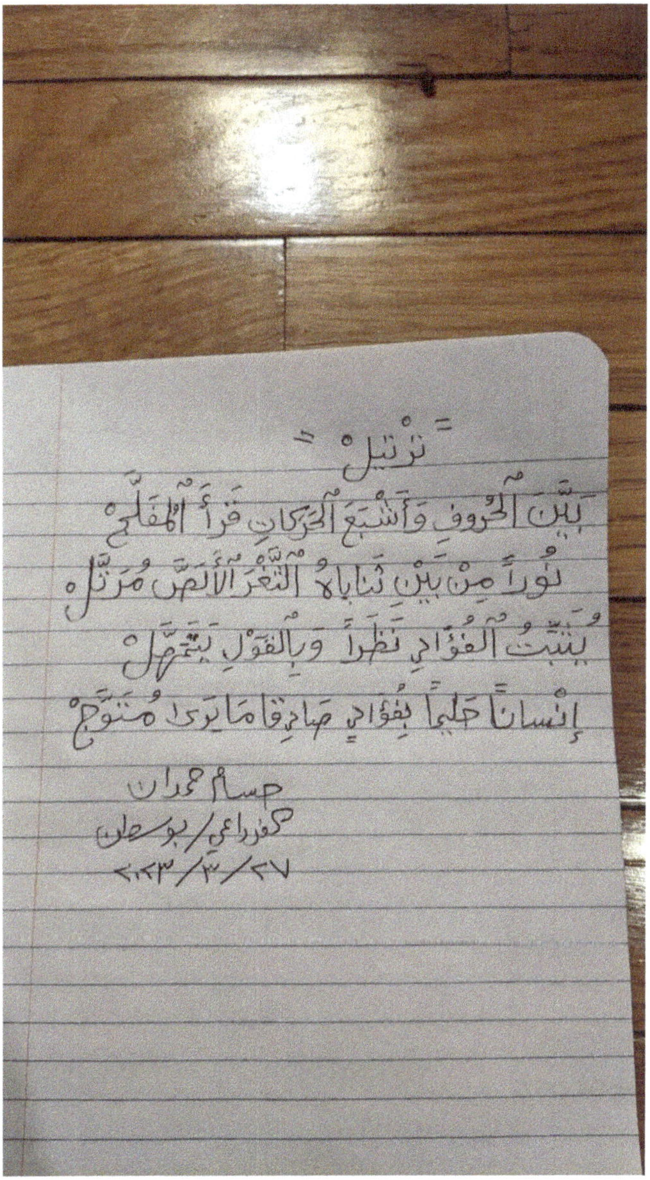

تَرْتِيلٌ

بَيْنَ الْحُرُوفِ وَأَشْبَعَ الْحَرَكَاتِ قَرَأَ الْمُفْلِحُ

نُورًا مِنْ بَيْنِ ثَنَايَاهُ الثَّغْرُ الْأَلَصُّ مُرَتِّلْ

يُنْبِتُ الْفُؤَادِ نَظَرًا وَبِالْقَوْلِ يَتَرَتَّلْ

إِنْسَانًا حَلِيمًا بِفُؤَادٍ صَادِقٍ مَا يَرَى مُتَنَوِّعْ

حسام حمدان
كفر داعي / بورسعيد
٢٠٢٣/٣/٢٧

عَقْرَة

إِحْنا نِسْرَحْ وِنْرَوِّحْ بِعَرَقْنا سَايِحْ

وِاُلَّي أَجى مْبارِحْ يَسْتَحِلْ إِسْتَحَلَّ اُلْمَطَارِحْ

تَمَرُّدْ رَخيصًا بِاُللُّؤْم شَابِحْ

كَيْفَ تَكْرِمَهُ لَنْ تَمْلِكَهُ لَيْسَ لِلْحَقِّ وَاُلْسِّلْمِ طَامِحْ

مَا زَالوا يَذْبَحونَ اُلْمَنوحَةِ لَلْهارِبْ وَاُلسَّائِحْ

حسام حمدان

كفر راعى/ بوسطن

٢٨/٣/٢٠٢٣

** **

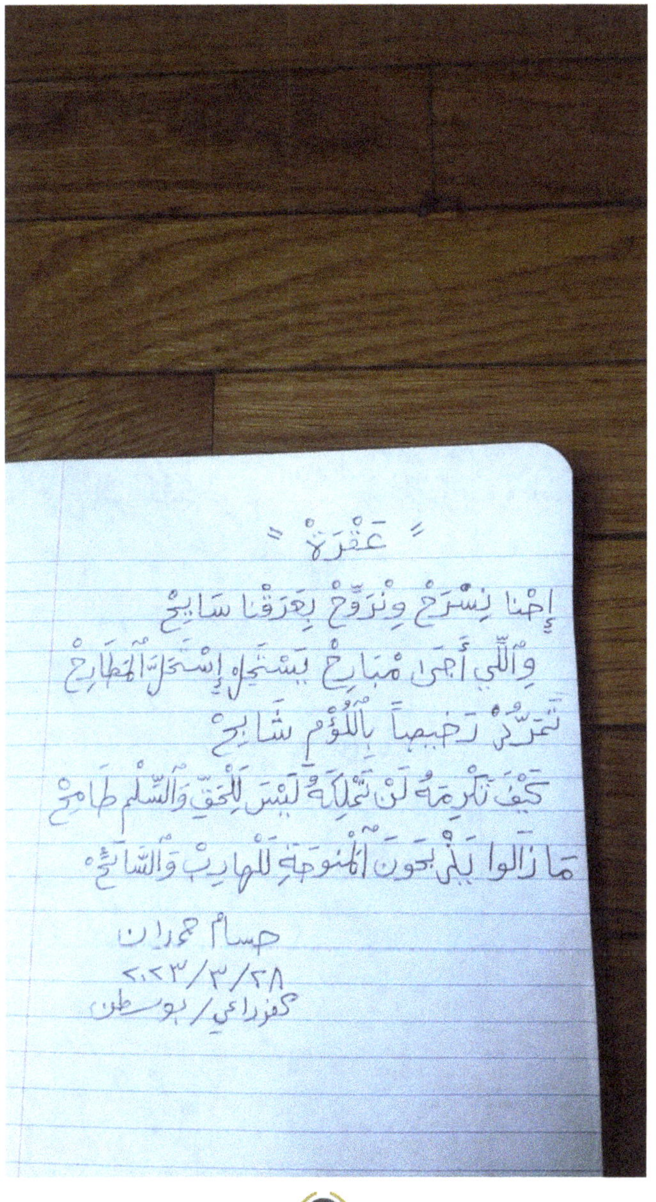

" عَنْتَرَة "

إحْنا نِسْرَحْ ونْرَوّحْ بِعَرَقْنا سَايِحْ
واللّي أجْرى مُبارَحْ يِشْتِيه إسْتَقَلّ المَطارِحْ
تِمَرّدْ تَخْبِيصاً باللُّؤْم شَايِحْ
كيفَ تَنْرِمَهُ لَنْ تَمْلِكَهُ ليس للحَقّ والسّلْم طامِحْ
ما زالوا يِنّي بِحوْن المَنوحة للهارِبْ والسّايِحْ

حسام حمدان
٢٠٢٣/٣/٢٨
كفرزائي / حوران

تَنَصُّل

أَيُّها الْمُتَنَصِّلُ مِنَ الْوَعْدِ لَمْ يَبْقَىٰ لِلْعُذْرِ صَرَاراً
نُوباتِ الْطَّيبُ تَأْجِيلاً خِدَاعًا بِسِنْسِلَةٍ هَالَتْ

حسام حمدان
كفر راعي بوسطن
٢٢٣/٣/٢٨

❋❋ ❋❋

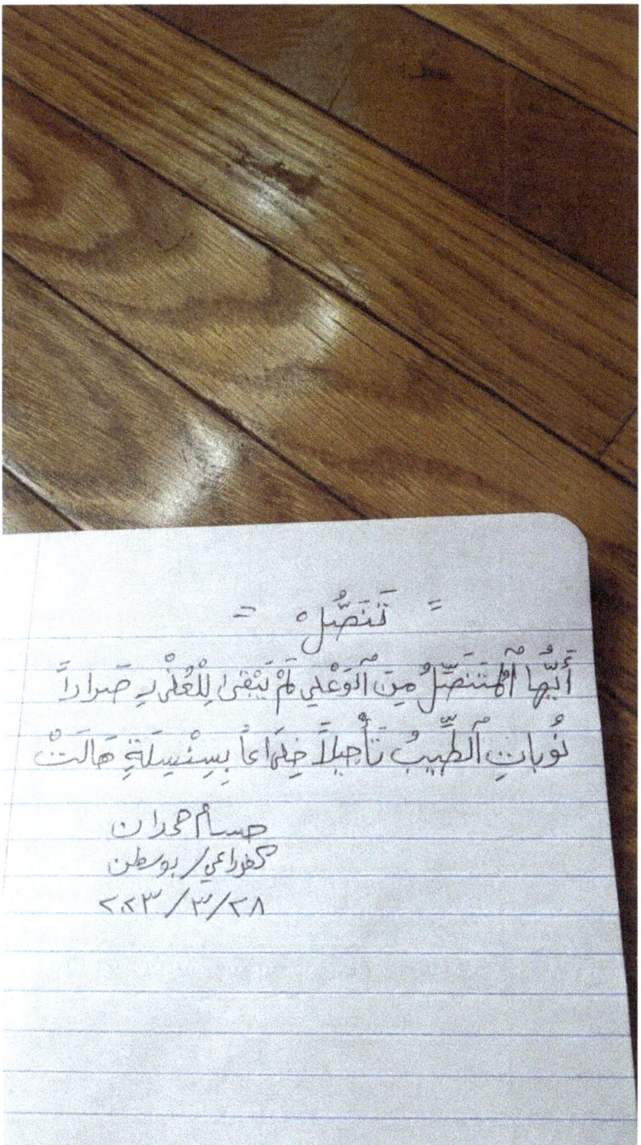

تَنَصُّل

أَيُّها المُتَنَصِّل مِنَ الوَعْدِ لم يَبْقَ لِلعُظمى حِصراراً
نُوَبات الطيبِ تَأجيلاً خِنهاءاً بِسِنسِلةٍ هالَت

حسام حمدان
كفراعم / بوطن
٧٥٣/٣/٢٨

قَوْلٌ بِتُراثِنا عَلَيْهِ وَبَرٍ

يَا مُسْتَرْخِصْ اللَّحِمْ عِنْدَ الْمَرَقَةْ تَنْدَمْ

لاَ تَقُلْ مَا كَانْ عِنْدِي خَبَرْ وَلاَ سَمَرْ

حسام حمدان

كفر راعي / بوسطن

٢٠٢٣/٣/٣٠

❋❋ ❋❋

قولْ بتراثنا عليه وبرْ:

يا مشترخص اللحم، عند المرقة تندم.

لا تقل ما كان عندي خبز ولا سمر.

حسام حمدان

كفر راعي / بوسطن

٣٠/٣/٢٠٢٣

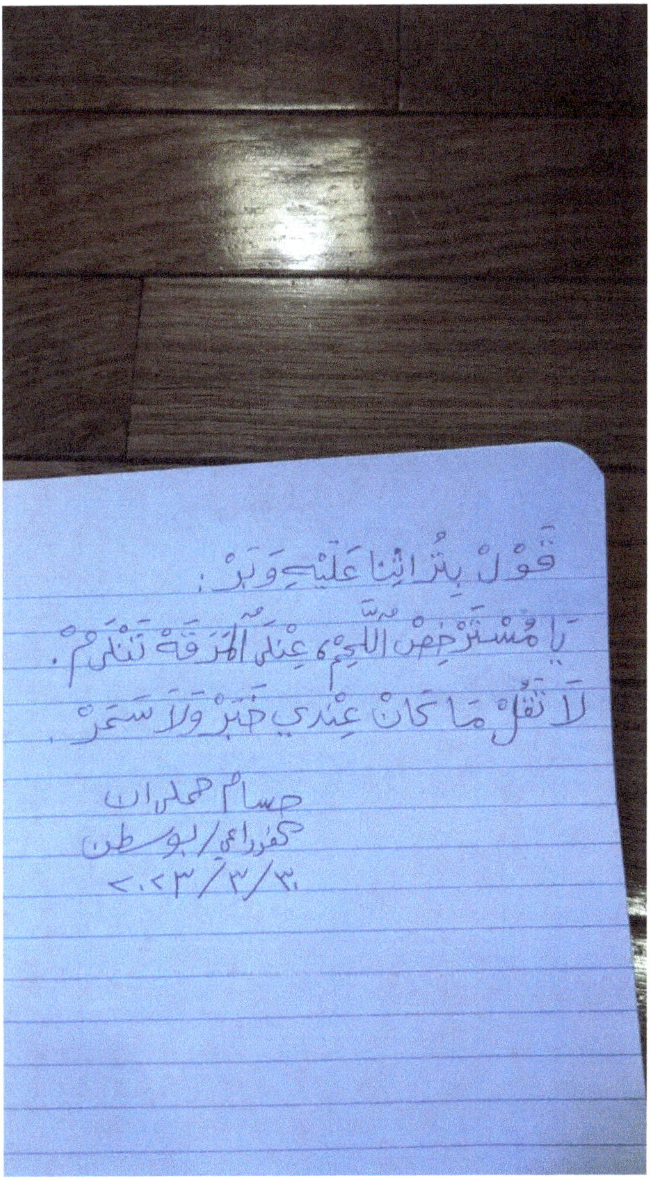

لَسَلَامَةْ

يَوْمْ جُمْعَةْ عَلَى الْأَرْض

بِرَمَضَانِ مُبَارَكْ طُولْ وَعَرْض

إِنْ كَانَ الطُّولْ يِطَوْلني لَأَقْطُفَ الْوَرْدْ

الْعَرْض يُعَرِّض صَدري لَأَسْتَقْبِلَ الْوَفْدْ

بِالصِّيامِ وَالْصومْ نَحْشِدُ لَسَلَامَةِ الْأَرْض

حسام حمدان
كفر راعي / بوسطن
٣١/٣/٢٠٢٣

✳ ✳ ✳ ✳

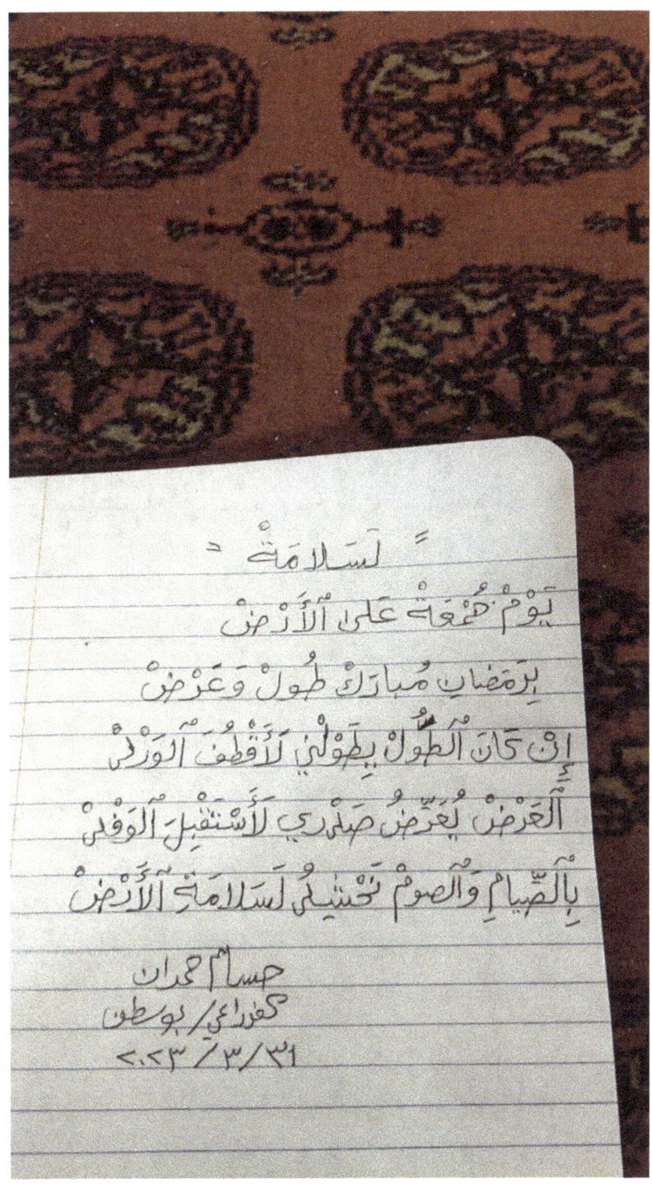
السلامة
يَوْمُ جُمُعَةٍ عَلَى الأَرْضِ
بِرَمَضَانَ مُبَارَكٍ طُولٌ وَعَرْضٌ
إِنْ كَانَ الطُّولُ يَطُولُنِي لَأَقْطُفُ الوَرْدَ
العَرْضُ يَعْرِضُ صِنْرِي لَأَسْتَقْبِلُ الوَفْدَ
بِالصِّيَامِ وَالصَّوْمِ تُحْشِينِي لَسَلَامَةِ الأَرْضِ

حسام حمدان
كفراعي / بوطن
2023/3/31

رَطنْ

يَمْشي عَلىٰ أَرْضٍ مُظَحْظَحَةٍ
بِأَيِّ إِتِّجَاها رَطْنٍ وَبَعْبَعَةٍ شَرُّ هَرْمَذَةٍ
بِخَبَصَةٍ إِبْنِ الْبَطِنِ نَطَقَ مُنافِقٍ

حسام حمدان
كفر راعي بوسطن
٢٠٢٣/٤/٢

❊❊ ❊❊

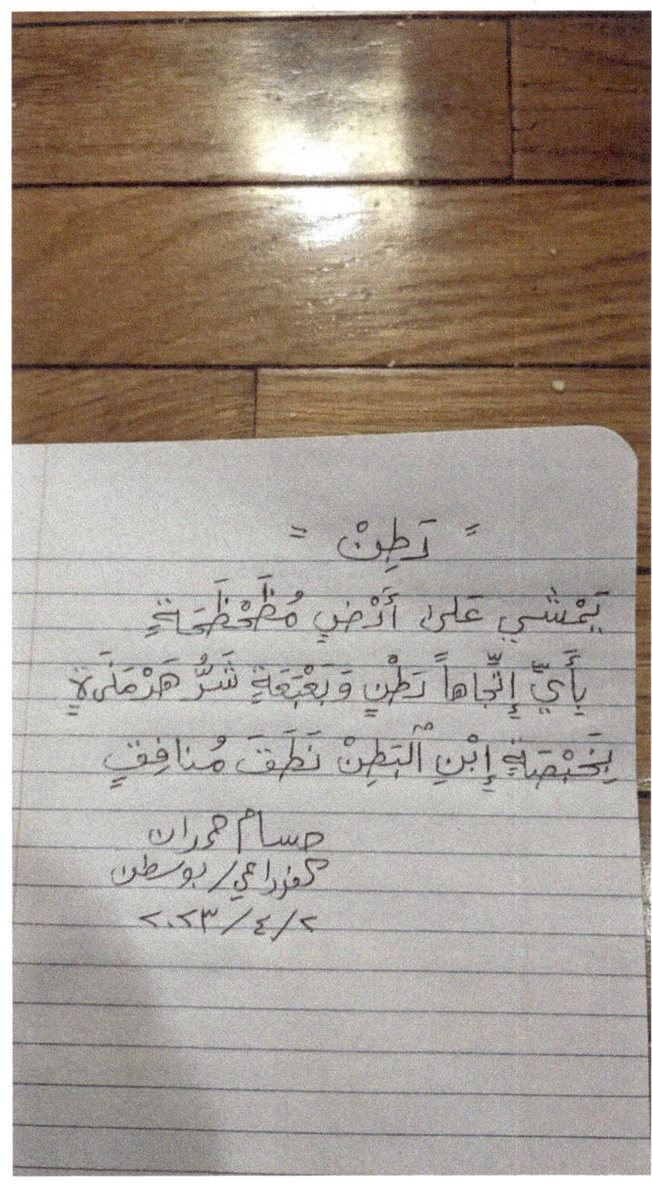

= وطنْ =

تَمْشي على أرضٍ مُظلماتٍ
بأي اتجاهاً وطن وبعته شرّ هزمني
يخصيني ابن البطن نطق منافق

حسام حمران
كفرا احمي / بوسطن
٢٠٢٣/٤/٢

ثِيابْ

ثِياب الْحَيايا إِمَّدَدِهْ عَلَىٰ الْسِّنْسِلِهْ

سُودَهْ وَحَمْرَهْ بِنِّيهْ وَصَفْرَة مُرَقَّطَهُ وَغَلِيظَهْ

مَا الْذَّي جَمَعِهِنْ يِسْتَلْقِينْ بِظَهِيرَةِ ذَلِك الْنَّهارْ؟

الْزَهَقْ مِنْ رُوتِينْ نَفْسِ الْلُّونْ

وِالْلاَّ حَرُّ الْحِجَارَةِ يُنَمْم يْلَوِلوْ بِسْحَرِ فِرْعونْ

عِنْدَ الْغِيابْ لَمْلَمْنا الْتِّيابْ عَطَاوِلة عِتابْ

تَعِيشُ الْحَيايا بِطُولَةِ لِسانْ وَلَدْغَةُ فُرُسانْ

حسام حمدان

كفر راعي / بوسطن

٤/٤/٢٠٢٣

✳✳ ✳✳

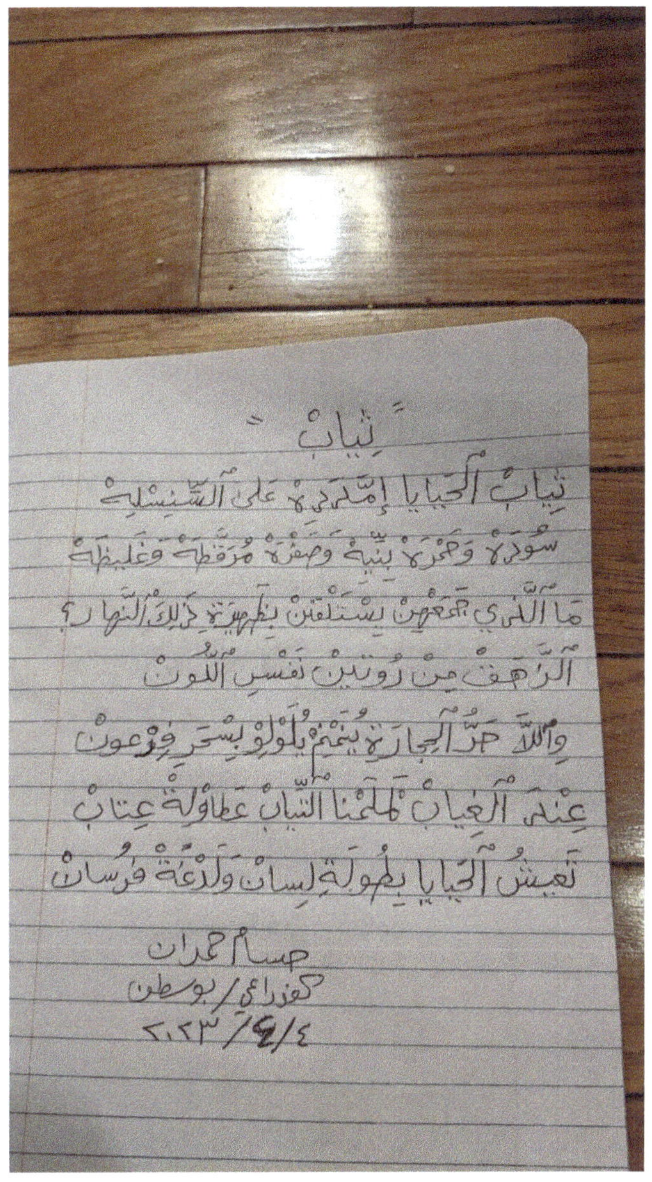

ثِيابٌ

ثِيابُ الحَيايا إمتَدَّدَه على السَّلسِلة
سوداء وحمراء بنّية وصفراء مرقطة وغليظة
ما الّتي جمعهن يستَلقَن بطهورة ذلِك النهار؟
الرَّهيف من روحين نفسِ اللون
واللّٰه حمل الحجارة ينعم بلولو بشر فرعون
عند الغياب لملمنا الثياب عطاولة عتاب
تعيش الحيايا بطهولة لسان ولذعة فرسان

حسام حمدان
كفر داعي / بوسطن
٢٠٢٣/٤/٤

تَسَاؤُلْ

عَمْداً تَنْتَهِكُ حُرْمَاتِ عَبْداً

نَقْماً سَيَأْتِيكَ مِنْ ظِلِّ رَبَّا

جَائَهُمُ الْكِتَابُ وَالْفُرْقانْ لَعَلَّهُمْ يَهْتَدونْ

حسام حمدان

كفر راعي / بوسطن

٥/٤/٢٠٢٣

** **

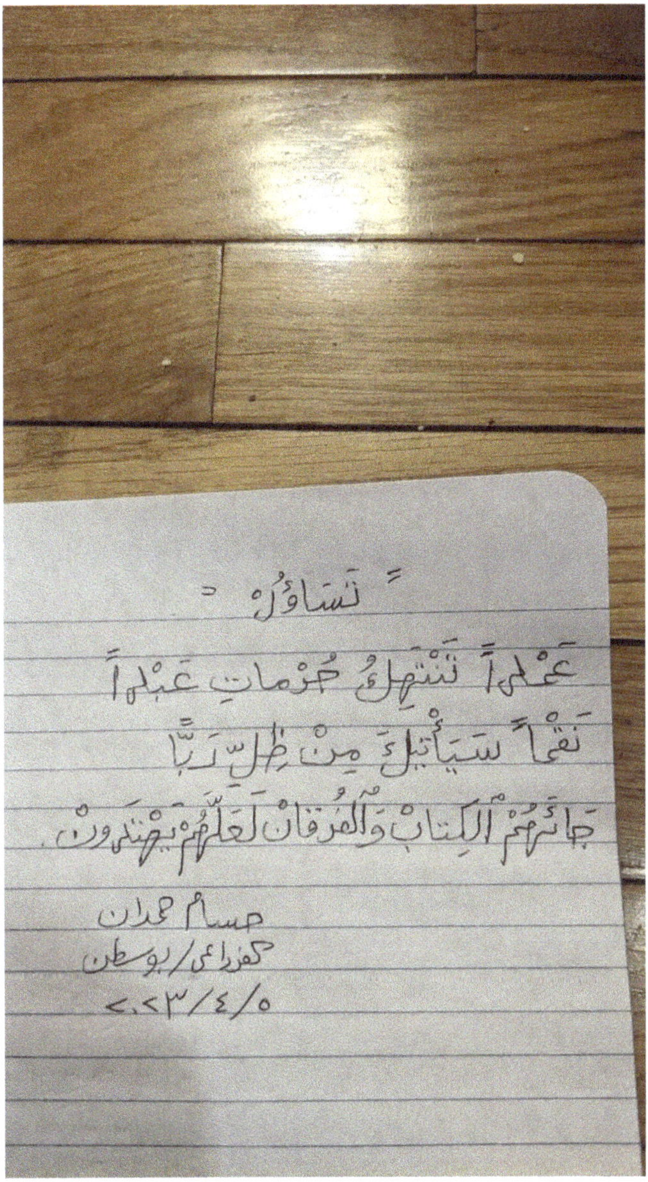

تَشاوُرٌ

عِلْماً تَنْهَلُ حُزُماتٍ عَبْداً
نَفْعاً سَيَأْتِيكَ مِنْ ظِلِّ رَبّا
جَائِرُهُمُ الكِتابُ وَالعِرْفانُ لَعَلَّهُمْ يَهْتَدُونَ

حسام حمدان
كفرأما / يوسفان
٢٠٢٣/٤/٥

لَوْبَسْ

بَينَّا خَيرْنا وَجَمَالْنا لَغَيرْنا

لَوْ بَسْ إِتْغاظِينا عَنْ دَلَعِ ٱلمِينْيا

جَنْةِ ٱلْأَرْض عَقْبالْ عَينَّا

حسام حمدان

كفر راعي / بوسطن

٥/٤/٢٠٢٣

** **

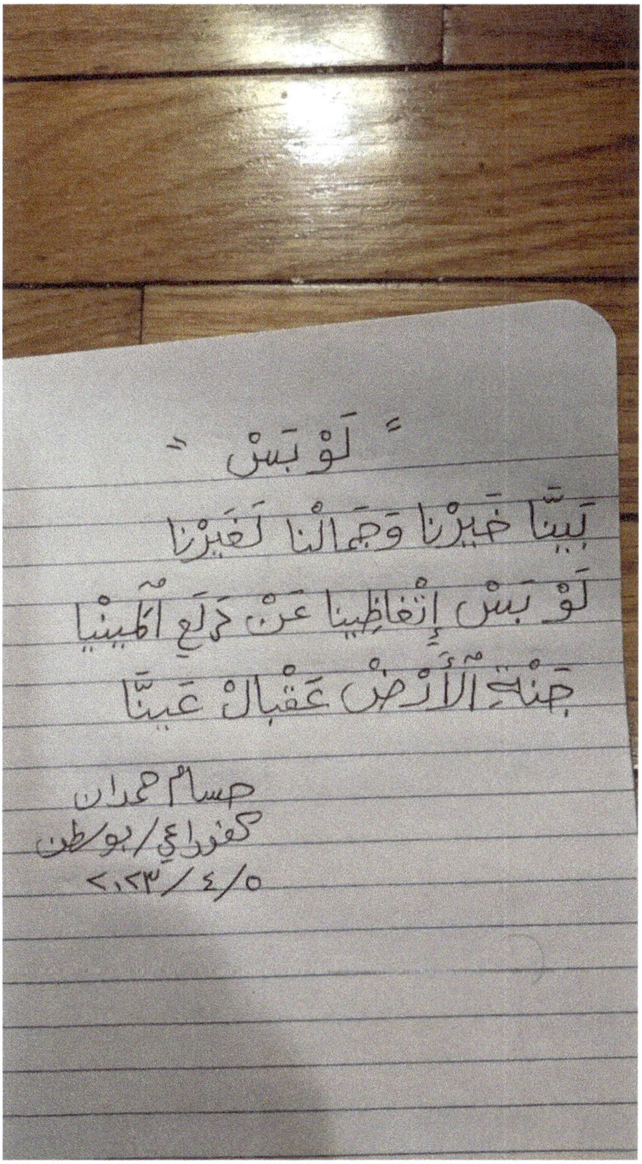

" لَوْ بَسّ "

تَبِينا خَيرُنا وَجمالُنا لغَيرِنا

لَو بَسّ إنْفاظِينا عن كَرّع الطّينِيا

جَنّة الأرض عَقبال عينِنا

حسام عمران
كفرواي / بوطن
٢٠٢٣ / ٤ / ٥

أُصالِهْ

كُومْ حِجارَةً مَعايِيرْ بِمِيزانٍ حَارَةْ

رَطِلْ كِيلو وِقِيَّةْ بِعيونِ الْحُرِّ وَقَعَنْ ما جارَتْ

جاراتِ الْحَارَةْ كانَتْ تُفاصِلْ وَبِالْعامِيَّةِ شَطارَةْ

ظَمَّةٌ بِقْدونَسْ هِبَةٍ فَرْعَنَتِ الْوِجوهْ مَعْ ما إِشْتَرَتْ

الْأَصيلْ لا يَهابْ الْجَديدْ مِنْ مارَّةٌ

بَلْ يُناظِرَهُ بِعادَةٍ مِنَ التُّراثِ جادَتْ

حسام حمدان
كفر راعي بوسطن
٩/٤/٢٠٢٣

❋❋ ❋❋

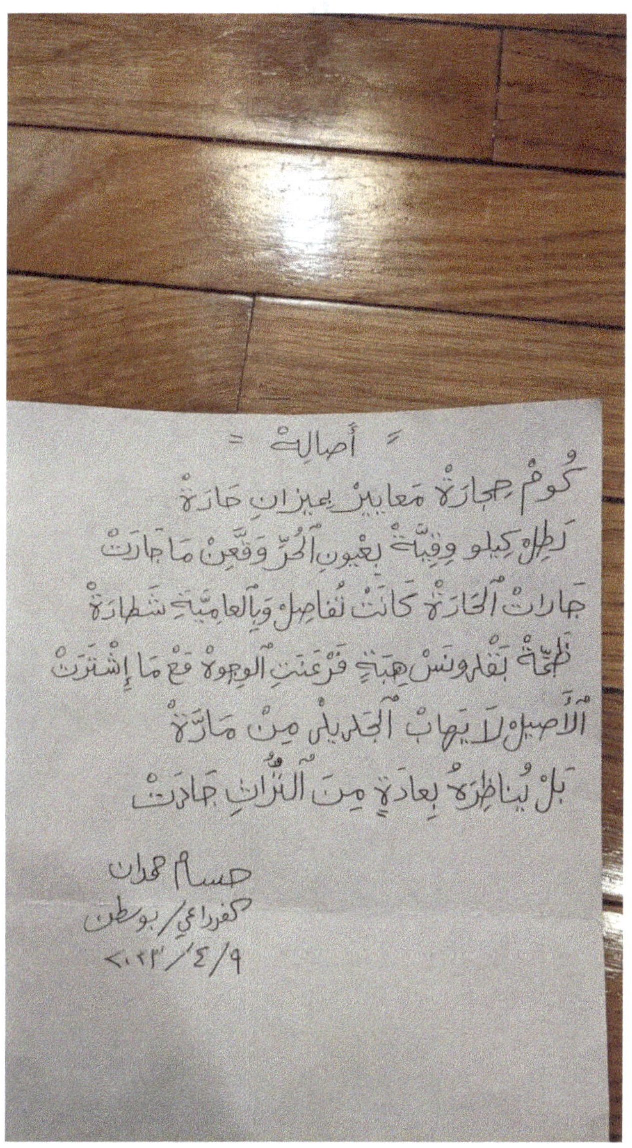

= أصالة =
كوم حجارة معايير بميزان حائرة
وطن كيلو وقية بعيون الحرّ وقّعن ما جارت
جارات الحارة كانت نفاصل وبالعامية شطارة
نلمّحها بقلة ونس هبّة فرّعنت الوجوه مع ما إشترت
الأصيل لا يهاب الجديدين من مارّة
بل يناظره بعادة من التراث حاربت

حسام حمدان
كفردابي / بوطن
٢٠٢٣/٤/٩

جَوْدَة

مَيِّزَةٍ بِسِجَّادَةٍ كُلَّما دَعَسْتَ عَلَيْها تَزْدادُ قِيمةً وَجَمالاً

حسام حمدان
كفر راعي / بوسطن
٢٠٢٣/٤/٩

** **

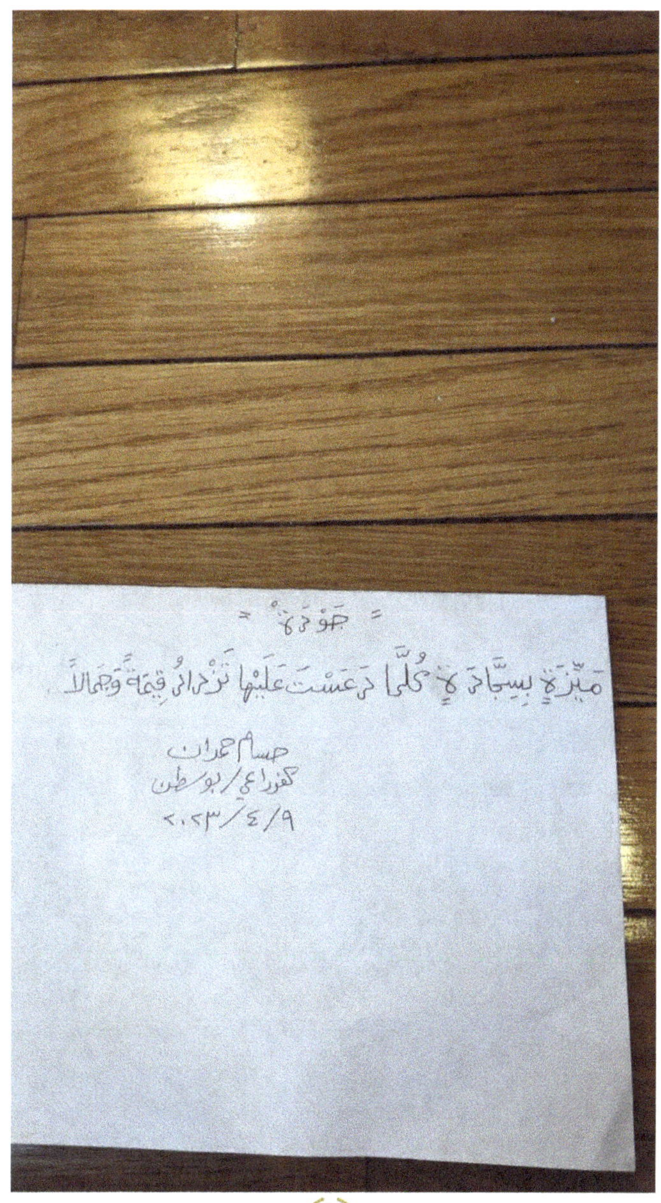= جَوْهَرَة =
مُمَيَّزَةٌ بِبَساطتها وكُلَّما تَعَشَّتْ عَلَيها تَزْدَادُ قِيمَةً وَجَمالًا
حسام حمران
كفرواعي / وطن
٢٠٢٣/٤/٩

ظَهيرَة

سَرَحْنا بِطَانًا وَرَوَّحْنا خِ خِماصًا

عَرَقْنا بِشُرُ نَغْدْنا مَيّة زيرْ وَخَلَعْنا قَميصًا

ظَهيرِةْ صيفْ رَمَتْ إِشْوالِ الّلوزْ مَخِدّه بِفَيِّ الشَّجَرْ

حسام حمدان

كفر راعي / بوسطن

١٥/٤/٢٠١٣

✽✾ ✾✽

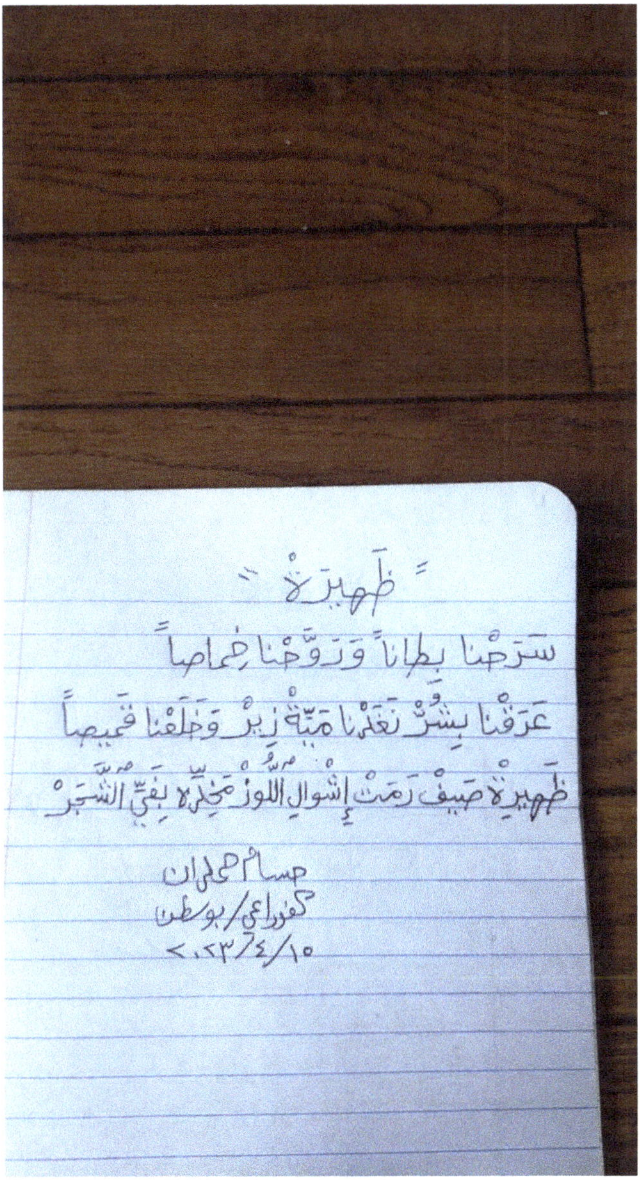

ظُهَيْرَة

سَتَرَتْنا بُطاناً وَتَوَّجْنا خِماصاً

عَرَّفْنا بِشَرٍّ نَغْنا مِيتَةَ زيتٍ وَخَلَعْنا قميصاً

ظُهَيْرَةُ صَيْفٍ رَمَتْ إشوالَ اللوزِ مُخْضَرَّةً بِفَيِّ الشَّجَرْ

حسام الحلوان
كفرداعي / بوطن
٢٠٢٣/٤/١٥

مَهْما يَكونْ

يَخْرُجُ مِنْ بَطْنِها حِجَارَةً صِوَّانْ

يَصِنُّ بِأُذْني صَداها بِحيطانٍ وَ جُدْرانْ

إِنْبَنتِ الْبيوت صُموداً وَرَدْعًا عَشانْ

يَتنافَسُ الْجمالْ بِعِلِّياتِ الصَّبرِ وَبَرْنداتُ الْحَقِّ عِنوانْ

مَهْما يَكونْ هَكَذَا نَعِيشُ لِلْعِمْرانْ

حسام حمدان
كفر راعي / بوسطن
١٥/٤/٢٠٢٣

❋❋ ❋❋

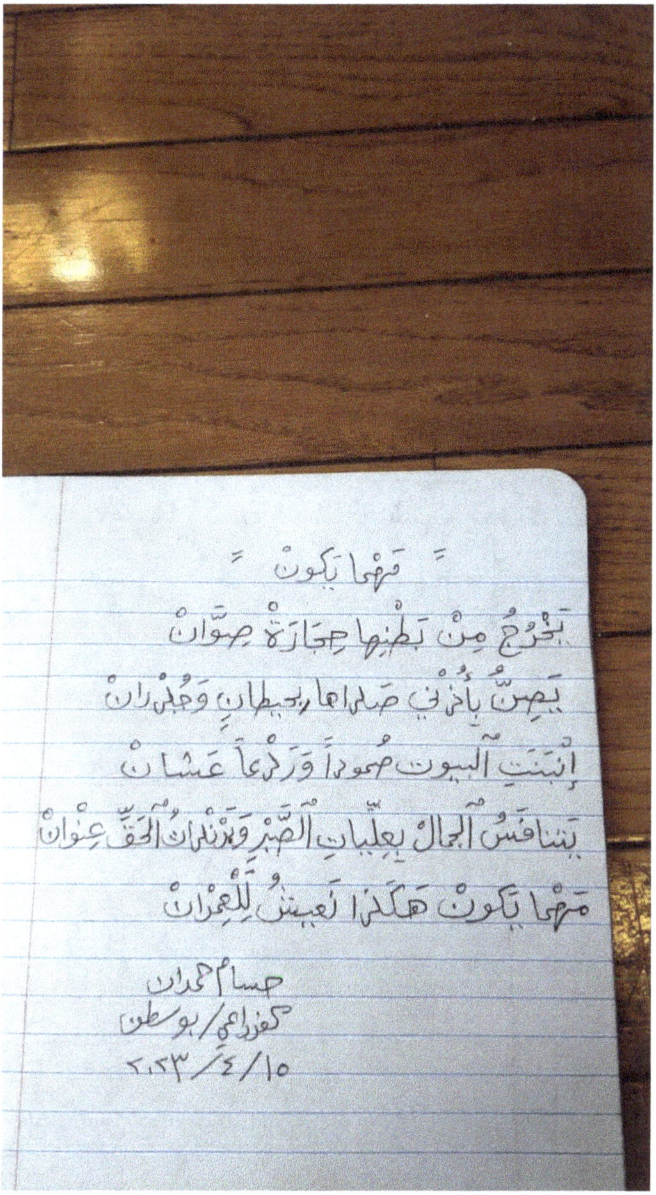

مهما تكون

تخرج من بطنها حجارة صوان
يصن بأذن صدى اعمار سلطان وجدران
انبت البيوت صمودا وردعا عشان
بتنافس الجمال بعليات الصبر وترنن الحق عنوان
مهما تكون هكذا نعيش للعمران

حسام حمدان
كفرامي / بوسطن
٢٠٢٣/٤/١٥

إِقْتَرِبْ

ظَلَمَتْنا الْنَّظَراتِ الْعابِرْه

كَتَبَتْ عَنَّا بِأَقْلامٍ خَاطِئَهْ

لَوْ تَمَعَّنَتْ بِعيونِنا وَنَواصينا الْسَّاطِعَهْ

لَتَبَسَّمَ وَجْهُ الْكَوْنِ وَإِنحَلَّتْ عَنَّا دَائِرَهْ

عُبورَكَ بِحالي كَوَرْدَةِ الْأَمارافالي أَزْهارُها طُيورًا صَامِتَهْ

إِقْتَرِب مِنْ الْثِّيابِ وَ بِالْكَلامِ قُلوبًا ناطِرَهْ

جسام حمدان

كفرراعى بوسطن

٢٣/٤/٢٠٢٣

✳ ✳ ✳

إقترِبْ

ظلَّلَتْنا النَّظراتُ العابرة

كَتبَتْ عنَّا بأقلامٍ خاطئة

لو تمعَّنتْ بعيونِنا ونواصينا السَّاطعة

لَتبسَّم وجهُ الكونِ وانجلَتْ عنَّا دوائره

عبورُكِ بحالي كوردةِ الأحمرِ في أزهارِها طيورًا صيامِتة

وإقتربْ فتحتَ الثيابِ وبالكلامِ قلوبًا ناظرة

حسام حمدان
كفردائي/ بوطرة
٢٠٢٣/٤/٢٣

ٱلْأَرْضِ

كَنْزُ ٱلْأَرْضِ صَخْرٌ وَٱلْحِجَارَةِ بَلاطْ

مِنْهُ شُيِّدَتْ مَبانِي وَٱلْقِرَاطُ قِماطْ وَإِخْتَلاطْ

مَنْقُوشٌ وَعَلَيْهِ مَحْفُورْ هٰذا مِنْ فَضْلِ رَبِّي لِلْحَجَرِ رِباطْ

إِنْ لَمْ يَكُنْ عَظَهَرِها زِرَاعْ فَفِي أَطْباقِها مَايَبْنِي سِباطْ

حسام حمدان
كفر راعي بوسطن
٢٠٢٣/٤/٢٥

❋❋ ❋❋

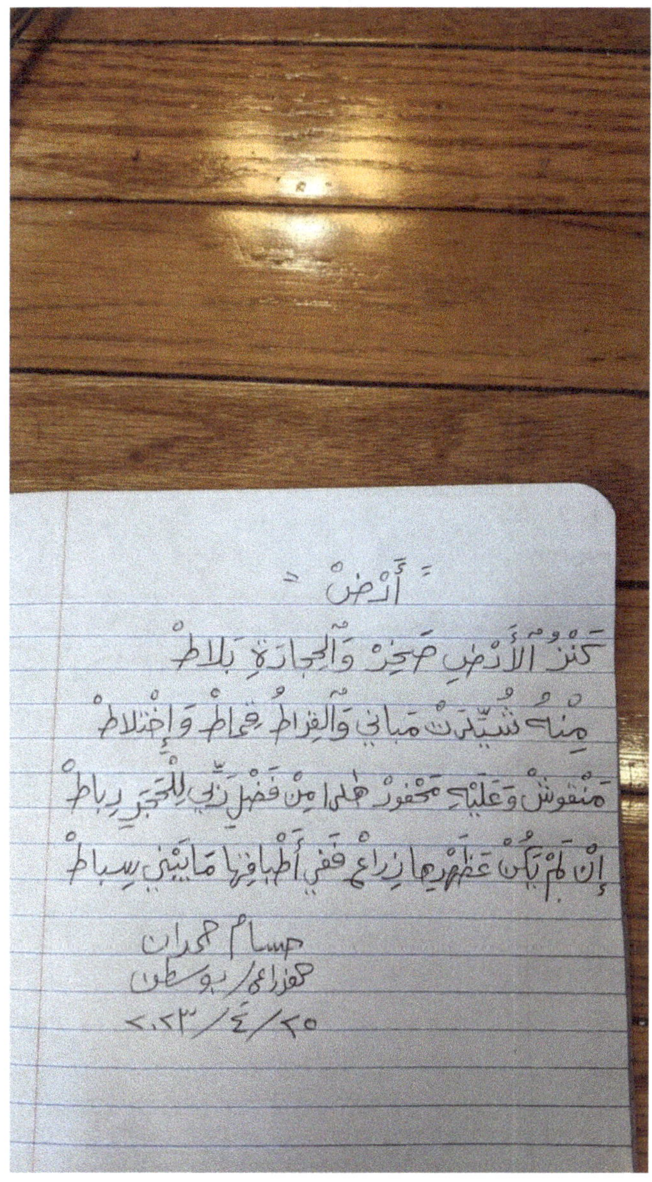

أَرْض

كَنْزُ الأَرْضِ صَخْرٌ وَالْحِجَارَةُ بَلَاط
مِنْهَا شُيِّدَتْ مَبَانِي وَالْفِرَاطُ وَاخْتِلاط
مَنْقُوشٌ وَعَلَيْهِ مَحْفُورٌ هَلْ مِنْ فَضْلِ رَبِّي لِلْحَجَرِ رِباط
إِنْ لَمْ تَكُنْ عِطْرُهَا زِرَاعٌ فَفِي أَطْهَارِهَا مَابَيْنِي سِباط

حسام حمدان
حفرائم / بوطن
٢٠٢٣/٤/٢٥

عَوْ عَوْ عَوْ

تَعْلو عِلِوْ هَيْهاتَ مَا فِي الْجَوِّ يَحْلَوْ

عَلْيومْ وَلَوْ عَلى مُنْحَنى الْقَمَرِ ضَوْ

بَساطيرْ وَجَنازيرْ وَعَوْ عَوْ عَوْ عَوْ

مَا خَلَّفَهُ الْإعْتَقالِ عَلى الْخَدَّيْنِ يَكْوي كَوْ

لَنْتَ بِسُلْطانِ وَمُطالِبُ الْحُرِّيَةِ لَيْسَ بِلِعْبٍ وَلَهْوْ

حسام حمدان
كفر راعي بوسطن
٢٠٢٣/٤/٢٥

❊❊ ❊❊

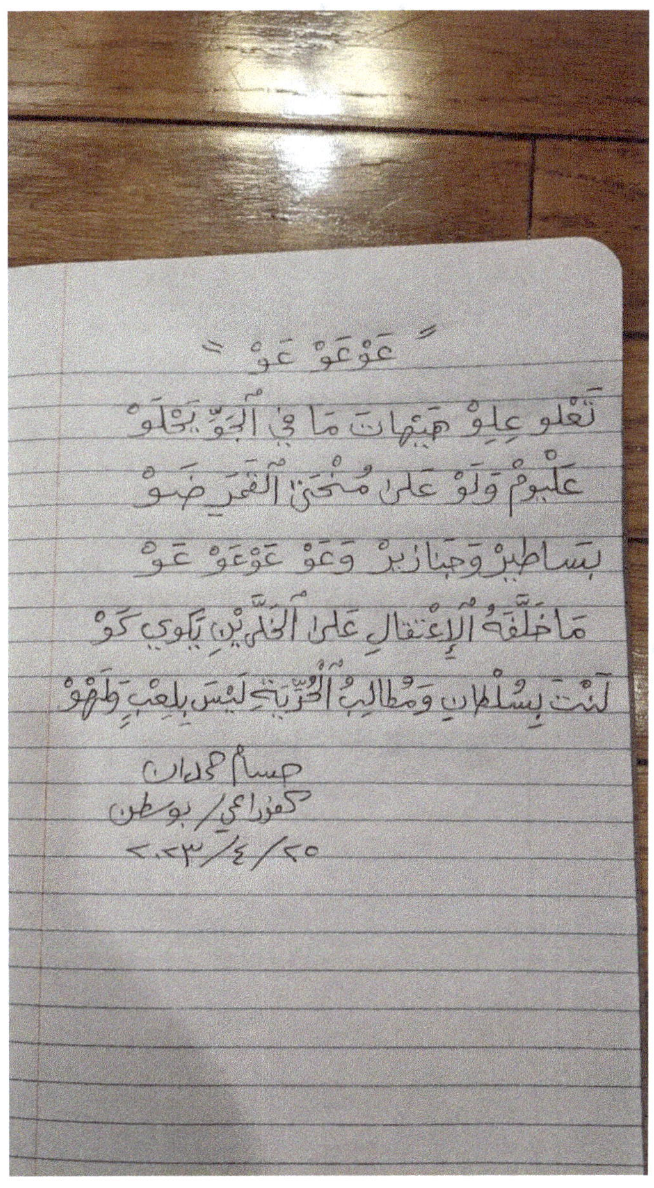
" عَوْعَوْ عَوْ "

تَعْلُو عَلَوْ هَيْهَاتَ مَا فِي الْجَوِّ يَعْلُو

عَلَيُّومٌ وَلَوْ عَلَى مُنْحَنَى الْقَمَرِ ضَوْ

بَسَاطِيرٌ وَجَبَابِرٌ وَعَوْ عَوْعَوْ عَوْ

مَا خَلَّفَهُ الِاعْتِقَالُ عَلَى الْخَلِّيَّيْنِ يَكْوِي كَوْ

أَنْتَ بِسُلْطَانٍ وَمَطَالِبُ الْحُرِّيَّةِ لَيْسَ بِلَعِبٍ وَلَهْوْ

حسام حمدان
كهربائي / بوطن
٢٠٢٣/٤/٢٥

أنْساب

بِالْعَيْنِ غَبْشٌ عَلَى الْوَجْهِ نَمَشْ

يَتَلعْثَمُ اللَّسَانِ وَبِالصَّفِّ دَفَشْ

يَوْمَ يُنْفَخُ فِي الصُّورِ فَلا أَنْسَابَ بَيْنَهُمْ

حسام حمدان
كفر راعي بوسطن
٢٦/٤/٢٠٢٣

✳ ✳ ✳ ✳

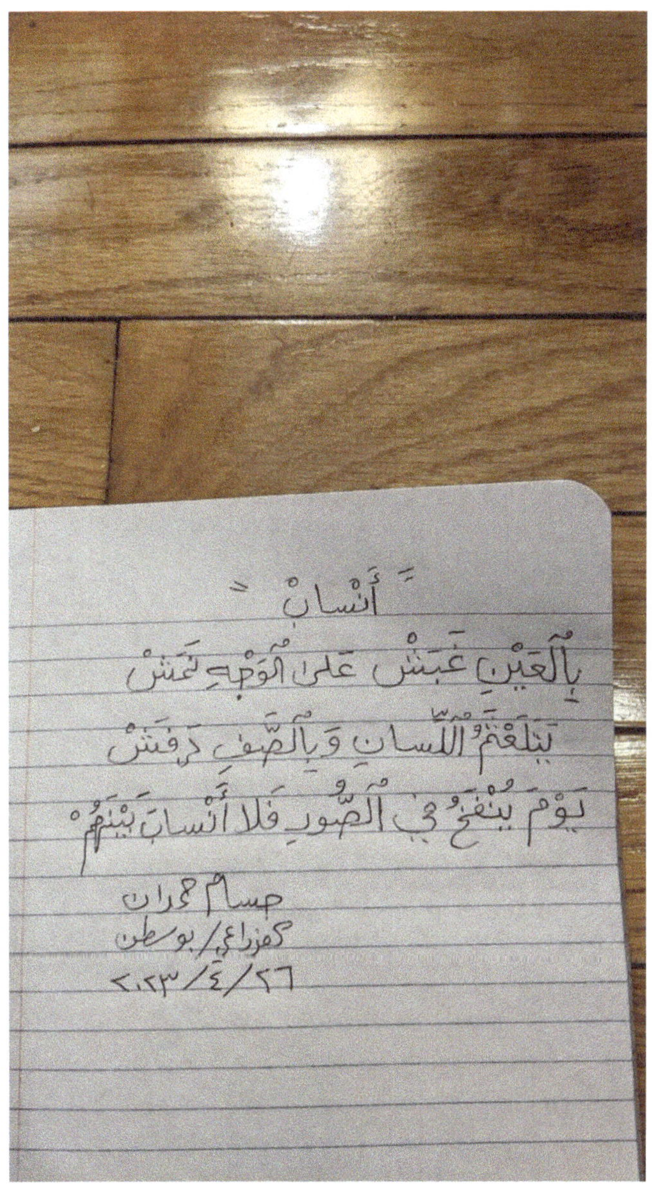
أَنْسان

بِالْعَيْنِ عَبَّشْ عَلَى الْوَجْهِ نَمَّشْ
يَنْلَغِمُ اللِّسانَ وَبِالصِّفِّ دَرْفَشْ
يَوْمَ يُنْفَخُ فِي الصُّورِ فَلا أَنْسابَ بَيْنَهُمْ

حسام حوران
كفرزاعة / بوطن
٢٠٢٣/٤/٢٦

قِياماً

تَأْخُذُ الْأَرْضُ مِنَ النَّوَارِ سِجَّاداً

يَنْحني إِنْسانْ لِرَبِّهِ سُجوداً

يميناً وَشِمالاً تُحيِّ الْأَرْضَ مَنْ عَليها لِلْحَقِّ قِياماً

أَنْتَ مِنْهُمْ إِنْ كُنْتَ لَعْيونْ النَّوَارِ حَريصاً

حسام حمدان
كفر راعي/ بوسطن
٢٧/٤/٢٠٢٣

** **

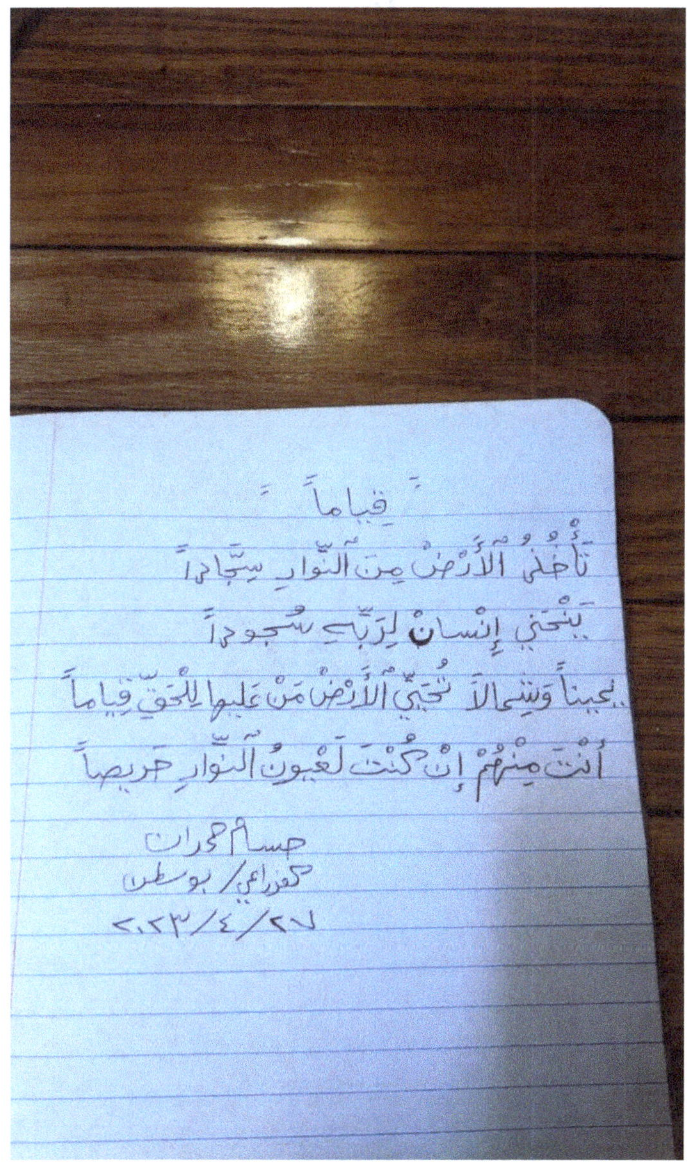
قياماً
تأخذني الأرض من النوار سجّاناً
يَنحَني إنسان لرَبِّه سُجوداً
عينا وشمى الا تُحيي الأرض من عليها الحق قياماً
أنت منهم إن كُنت لِعُيون النوار حريصاً

حسام حوران
كفرزائي / بوسطن
٢٠٢٣/٤/٢٧

عِيدْ

رَغيفُ الدِّيارِ مُقَمَّرٌ مُغَمَّسْ

عُيونُهُ حَواري بِالعِيدِ تَلالي تُغَنّي

أَكْمَلْتَ الشَّهْرِ رَيتَكْ مِنْ نَصيبي وَتَقْرَبْ جُواري

عِيدْ فِطْرٍ سَعيدْ مُغَنْطِسْ سَعيدْ مُونَّسْ مُؤَنَّسْ

حسام حمدان
كفر راعي بوسطن
٢٩/٤/٢٠٢٣

٭٭ ٭٭

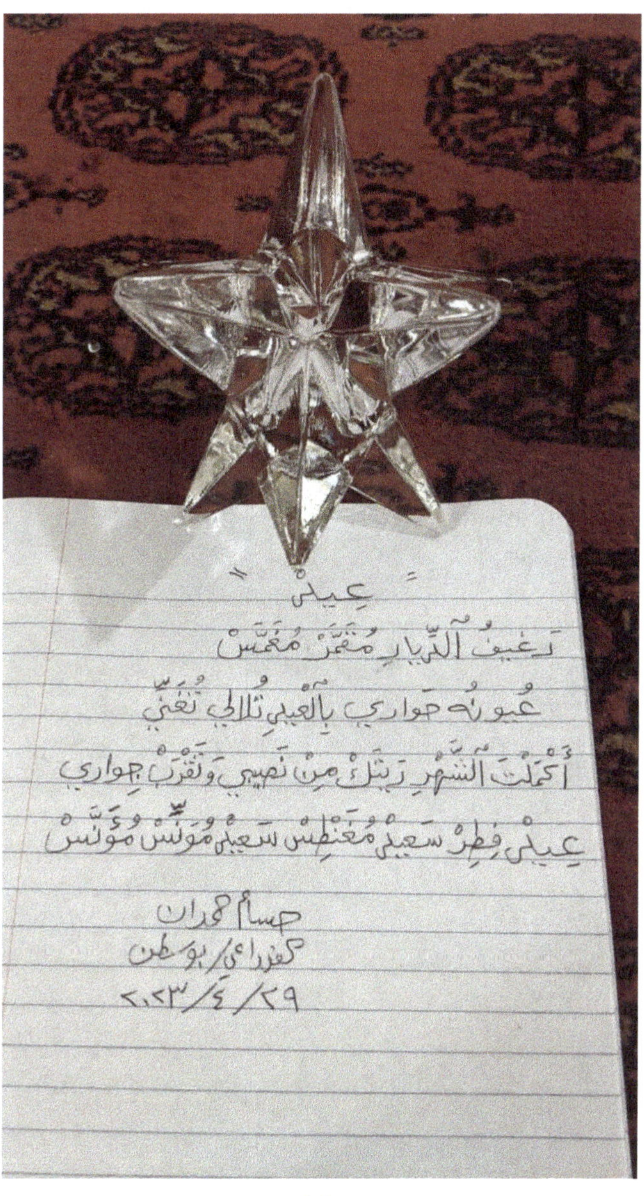

عِيدي

تَغيبُ الدِّيارِ مُقَمَّرٌ مُغَمَّسٌ
عُيونُهُ جَوارِحي بِالعيدِ تَلالي تَغَني
أَكْمَلْتَ الشَّهْرِ رَتِّلْ مِنْ نَصيبي وَتَقَرَّبْ جِواري
عِيدي فِطْرٌ سَعيدٌ مَغَنْطَسٌ سَعيدٌ مُوَنِّسٌ مُوَنِّسٌ

حسام حوران
كفر اي/ بوطن
٢٠٢٣/٤/٢٩

لِلْمَنْظَرْ فَقَطْ

أَصْحَابْ الْأَظَافِرْ الطَّويلِهْ لِلْمَنْظَرْ فَقَطْ

بِالتَّمدُّدْ كُلِّ الْحِملْ عَليكْ

يَا حَتِتْخَرْمَشْ وَيَا حَتِنْجَرحْ

لِهذا قِيلْ كُلْ مَعِ الْكَافِرْ وَلَا مَعْ طَويلْ الْأَظَافِرْ

حسام حمدان

كفر راعي /بوسطن

٢٠٢٣/٤/٢٩

❋❋ ❋❋

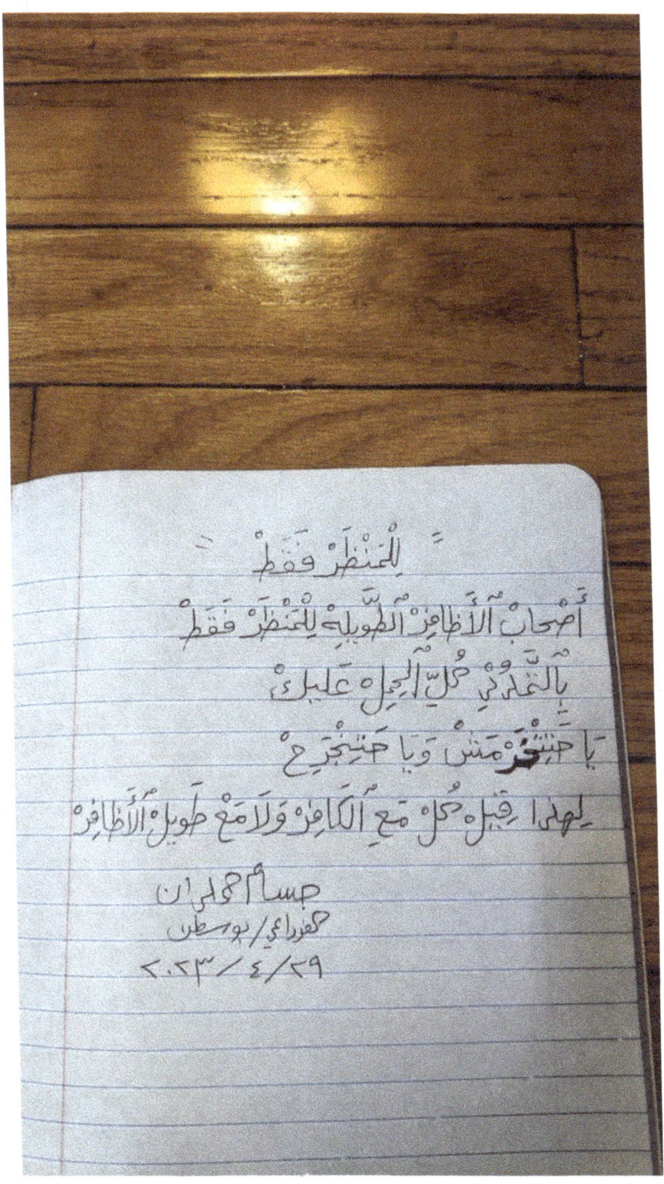

للمنظر فقط
أصحاب الأظافر الطويلة للمنظر فقط
بالعدوى كل الحمل عليك
يا حنتمش ويا حنتجرح
لهذا قيل كل مع الكافر ولا مع طويل الأظافر
حسام حولي ان
كفر داعي / بورسط
٢٠٢٣ / ٤ / ٢٩

جَواب

شَرَّعِ الْأَبْوابُ فَلَا عَتَب وَلَا عِتاب

الْجَوابُ حَقًّا جَعَلَ مِنَ الْزُورِ مَساراً لاَ يَسْرِي فِيهِ زَوْرْ

هَنيئًا مَريئًا لِمَنْ يَمْضُعُ الْإِجابةِ عَلىٰ نَواصيها عِتاب

حسام حمدان

كفر راعي / بوسطن

٣٠/٤/٢٠٢٣

❈ ❈ ❈

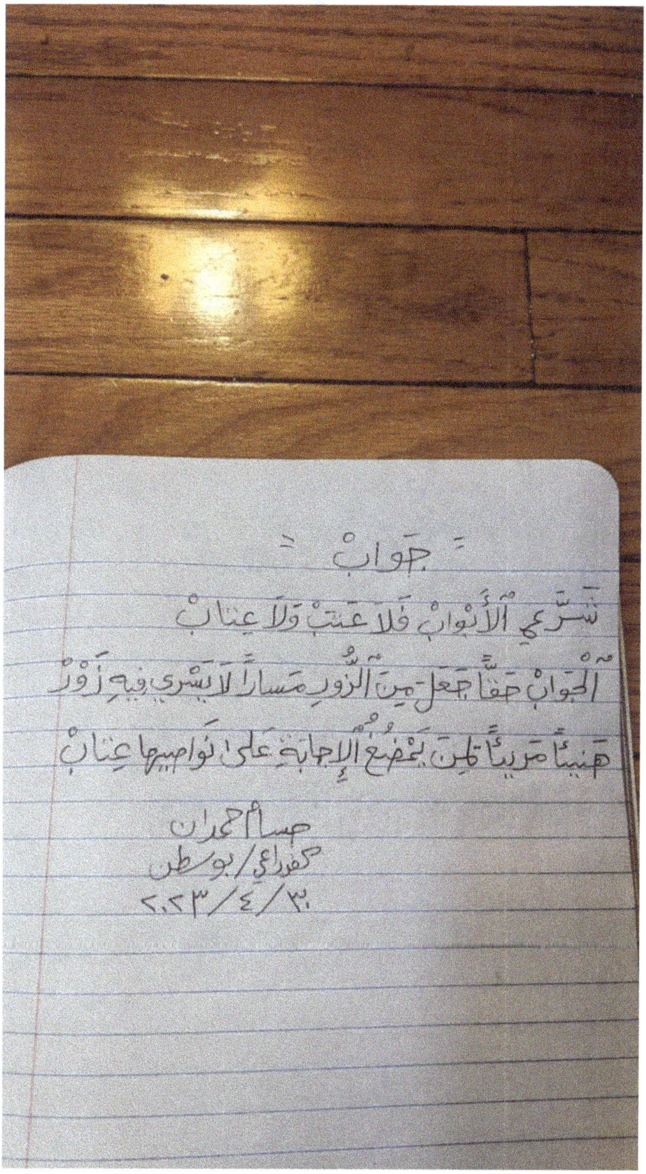

جَوابٌ

شَرَعَ الأَنوارُ فلا عَتبٌ ولا عِنانٌ

الجَوابُ حقًّا جَعلَ مِن الزُورِ مَسارًا لا يُشرى فيهِ زُورٌ

هَنيئًا مَرِيّةً لَكِن يَخضَعُ الإِجابةِ على نَواصِيها عِنانٌ

حسام حمدان
كفرراعي / بوطن
٢٠٢٣ / ٤ / ٣

سُؤالْ

بَيْنَنا وَبَيْنَ ٱلْجِيرانِ سَناسِلْ

إندَلَّتِ ٱلْأَغْصانْ وَإدَّلَتْ

عَليهِمْ صَباحْ وَبَاكِرْ

سَأَلُونا إنْ كَانَ قَطْفُ ٱلثِّمارِ بِالحياء حلالُه مَايِلْ

أُخُرْطُوهُ حَلالْ فَبِٱلْجِيرَةِ ٱلسَّائِلْ عَابِرْ

حسام حمدان

كفر راعي /بوسطن

٣٠/٤/٢٠٢٣

❁❁ ❁❁

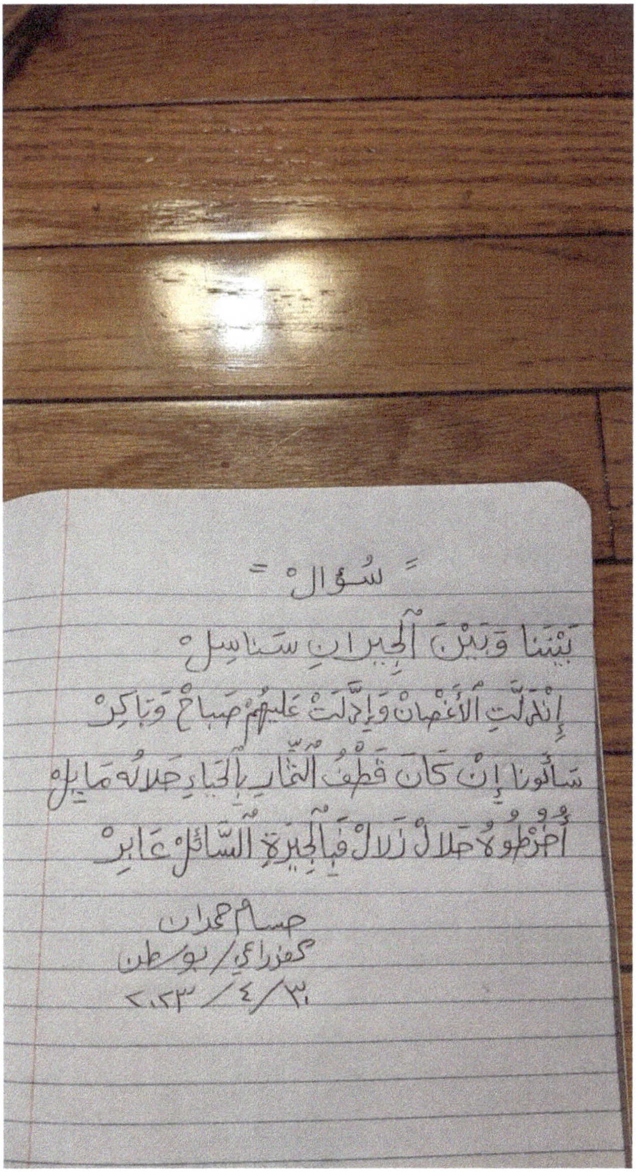

= سُؤَال =

بَيْنَنَا وَبَيْنَ الْجِيرَانِ سَلَاسِل
إِنْحَلَّتِ الْأَعْمَان وَإِنْهَلَّتْ عَلَيْهِمْ صَبَاح وَبَاكِر
سَأَلُونَا إِنْ كَانَ قَطْفُ الثَّمَارِ بِالْحَيَاءِ حِلَّا لَهُ مَا يَلَه
أُحْرُطُوهُ حَلَال زَلَال فِي الْحِيرَةِ السَّائِل عَابِر

حسام حمدان
كفر راكب / يوطن
٢٠٢٣/٤/٣

قُصْ

خُصْ نُصْ مَا بَحِبْ أَكونْ بِاْلنُّصْ

عَلىٰ اْليَمينْ أَقْعُدْ وَبُصْ شُو بِدُّه مِنَّا بِنْيامينْ

بِنْيامينْ بِنَصِّ اْلقضاءِ مُتَطَرِّفْ مُبينْ

إِحْتَجْ وَعَنْ اْلعَصِّ بِثَنايا اْلتَّطَرَفِ قُصْ

حسام حمدان

كفر راعي / بوسطن

١/٥/٢٠٢٣

❋❋ ❋❋

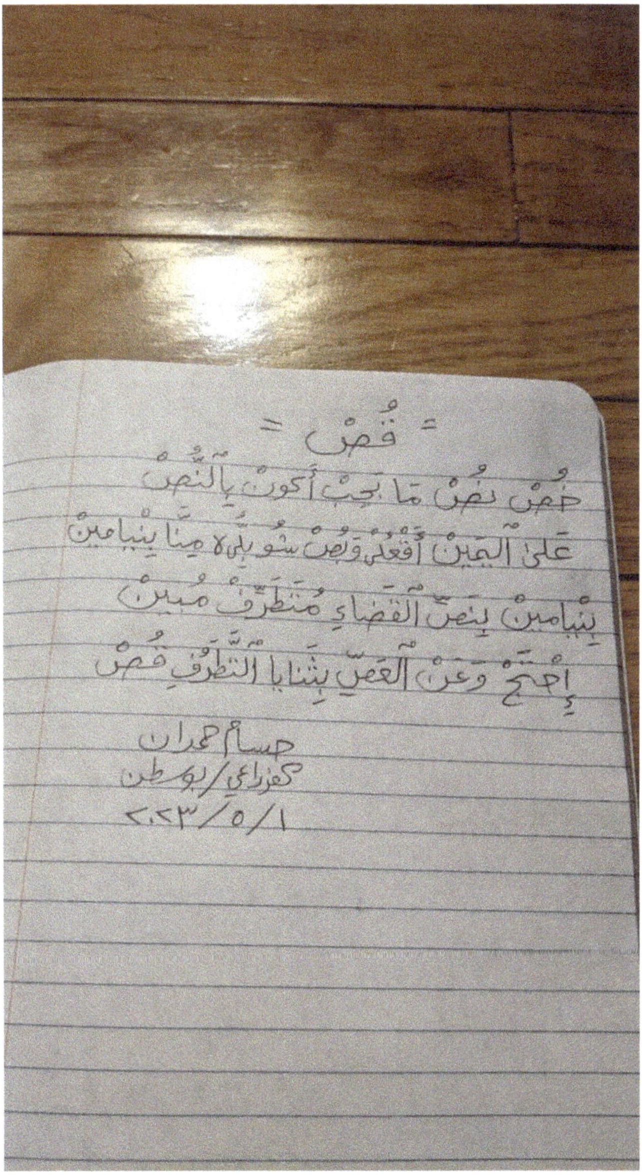
= قُصْ =
حُصْ نُصْ مَا بَحِبْ أَكُونْ بِالنُّصْ
عَلَى الْيَمِينْ أَقْعُدْ وَنُصْ شُو بِلَّا مِينَا بِنْيَامِينْ
بِنْيَامِينْ بِنُصّ الْقَضَاءِ مُتَطَرِّفْ مُبِينْ
إِصْحَحْ وَعَنْ الْغَصِّ بِثَنَايَا التَّطَرُّفِ قُصْ
حسام حمدان
كفرراعي/ بوطن
١/٥/٢٠٢٣

عَزارَة

بِالْمُفَاوَضاتِ مُعَصِّبْ مِعَصِّم

يَدورُ إِصْبَع بِعُصْعُصِ حَلُّ الدَّوْلَتَينِ مُعَزَّرْ

تَهِبُّ الرَّيَحِ مِنْ مَزْبَلَةِ الْتَّاريخْ دُوخَةْ وَغِشَاوَةً

حسام حمدان
كفر راعي/ بوسطن
١/٥/٢٠٢٣

✳✳ ✳✳

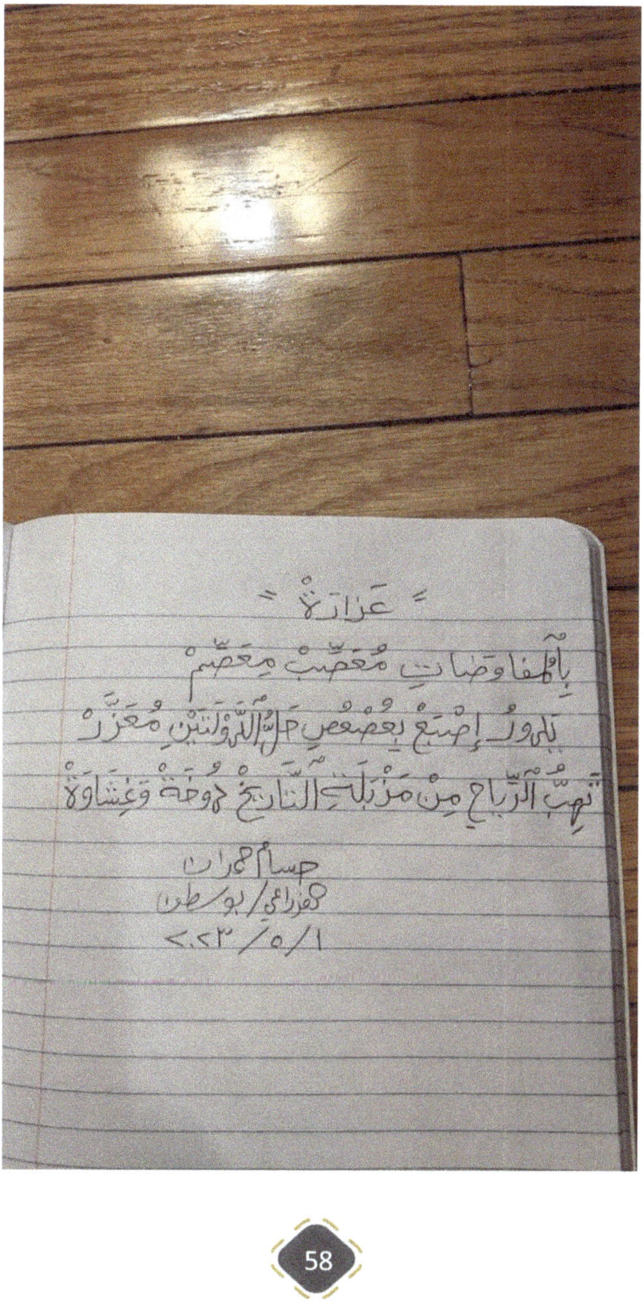

« غَزَارَةٌ »

بِالْمُفَاوَضَاتِ مُعْجَبٌ مُعْجَمٌ

نُكَرِّرُ إِصْبَعٍ بِعِصْعِصٍ الدُّوَلَتَيْنِ مُعَزِّزٌ

نَهْبُ الرِّيَاحِ مِنْ مَنْزِلَةِ التَّارِيخِ دَوْحَةٌ وَغِشَاوَةٌ

حسام مهران
الهزاعي / بوطن
٢٠٢٣/٥/١

نَدَمْ

كَمَّنْ مَرَّهْ بِالْنَّهَارِ نَهَرِتْ

وَ كَمَّنْ من مَرَّهْ حِمارٍ ظَهَرتْ

قَضىٰ نَحْبَهُ مَنْ كَانَ يَنْبَحُ بِذَلِكَ ٱلْوَقِتْ

رَكِبْتَ أَبْغَضَ ٱلْأَصْوَاتِ نَهِيراً وَنَهِيقًا مَا أَدْرَكِتِ

لَيْتَهُ يَعودُ وَإنْ عَادَ أَحْسِنْ إِلَيْهِ مِنْ مَا مَلَكِتْ

حسام حمدان
كفر راعي/ بوسطن
٣/٥/٢٠٢٣

❋❋ ❋❋

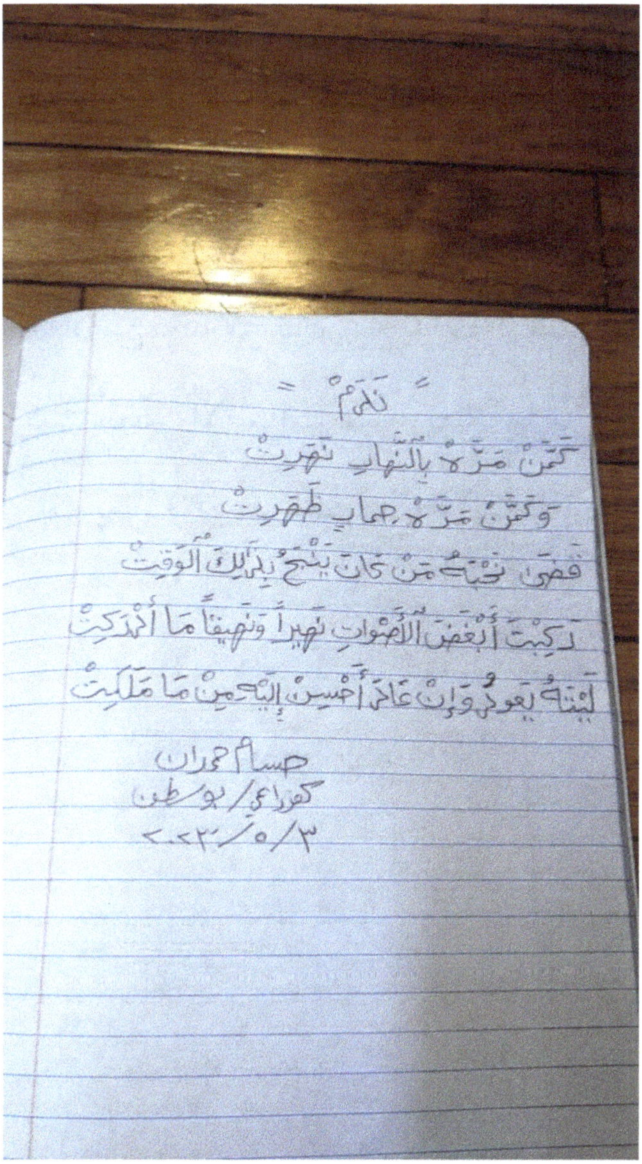

= نَعَمْ =

كَمْ مَرَّةً بِالنَّهَارِ نَهَرتْ

وَكَمْ مَرَّةً حِمَارٍ طَهَرتْ

فَفِي نَخْبَةٍ مَنْ كَانَ يَنْبَحُ بِذَلِكَ الْوَقْتْ

رَكِبْتُ أَبْغَضَ الأَصْوَاتِ نَهِيراً وَنَهِيقاً مَا أَنْذَكِرتْ

لَيْتَهُ يَعُودُ وَإِنْ عَادَ أُحْسِنُ إِلَيْهِ مِنْ مَا مَلَكْتُ

حسام حمران

كهرامي / بوسطن

٢٠٢٣/٥/٣

رَبِيعْ

بِجُمْعَةِ رَبِيعْ تَرَبعَّنْا رُعاةً وَرِعْيانًا بِرِبوعِ الْرَّبع

ظَبَعْنا الْطَّبعِ فِينا وَأَكْرَمنا الْسَّبْعْ

شَمْسُ الْظَّهِيرَةِ صَلَّتْ وَحَلَّتْ جَدايِلْ وَالْرَّبعِ تَغَدَّى وَشِبعْ

جسام حمدان

كفر راعي / بوسطن

٥/٥/٢٠٢٣

✳✳ ✳✳

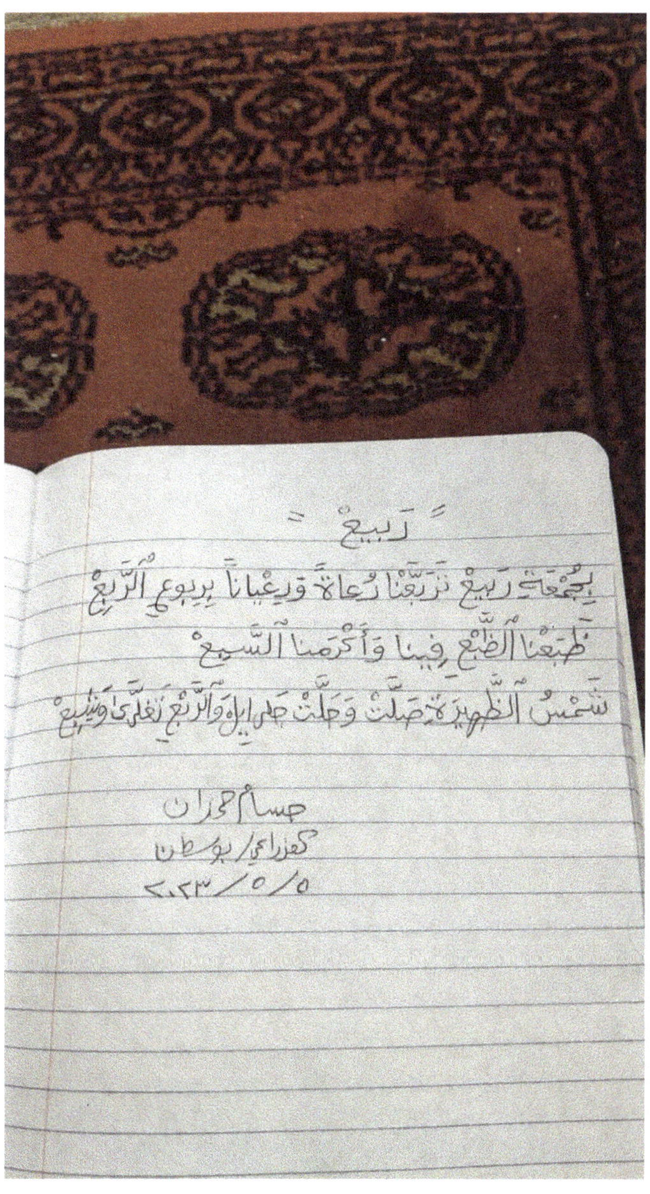
رَبيعْ

يَجمَعُنا رَبيعْ نَزرَعُنا رِعايَةً وَرِعيانًا بِرِبوعِ الرَّبيعْ
طَبَعْنا الطَّبْعَ فينا وَأَكْرَمْنا السَّمْعْ
شَمْسُ الظَّهيرَةِ صَلَّتْ وَحَلَّتْ جَمرَ آلائِهِ وَالرَّبيعُ نَغلى وَنَسيعْ

حسام حوران
كفرامي / بوطن
٢٠٢٣ / ٥ / ٥

بَامِيَهْ

لُعْبِةِ الْتِّنِسْ ذَكَّرَتْنِي بِأَرْضٍ قِيلَ مَا لَها حَدىٰ

بِالْمِضْرَبِ رَدَّيْتْ الطَّابَاتْ مِنْ قُدَّامْها وَ مِنْ وَرىٰ

عَرْقانْ وَتَعْبانْ وَجُوعانْ الْوَقِتْ غَدىٰ

قَسَّمِتْ قُرونْ الْبَامِيَةْ دَوائِرْ بِشفَّةٍ مَا تَرىٰ

بَنْدورَةْ وَثُومِهْ وَفلِيفْلِهْ حَارَّهْ الْحُوسِ جَرىٰ

مَهْما كَانَتْ الدِّنيا عَايْمِهْ وَعَارْمِهْ الْبَامِيَهْ فَائِدِتْها قَايْمِهْ

حسام حمدان

كفر راعي/ بوسطن

٧/٠٥/٢٠٢٣

*** ***

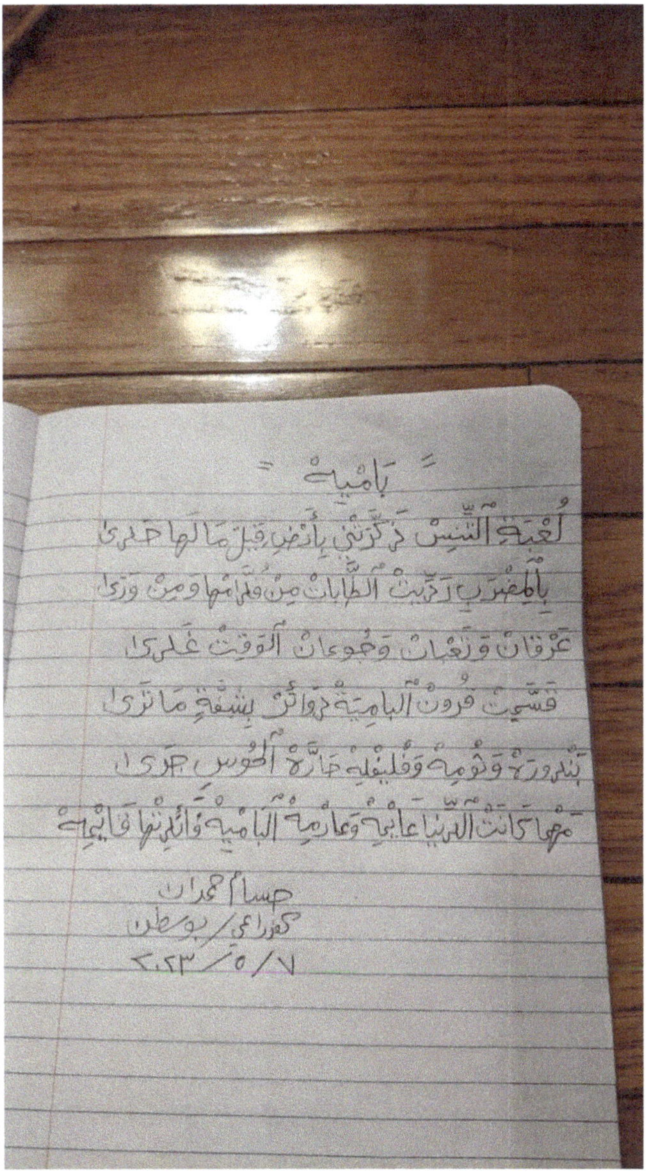

بامية

لُعبة النفس في كَرتني بأرض قيل ما لها حَدري
بالمضرب رَتّبت الطابات من فقراتها ومن ورى
عِرفان وتِعبان وجوعان الوقت غَدري
قَسّيت فرون البامية دوائر بِشفة ما تَرى
بندورة وثومة وفليفلة حارّة الخوص جَرى
مهما كانت الدنيا عايبة وعارمة البامية وأكلتها قايمة

حسام حمدان
كورامي / بوطن
٢٠٢٣ / ٥ / ٧

سَايِرْ

بِالُّشَّهِيَّةِ دَايِرْ بَيْنَ الُأَطْباقِ ْحَائِرْ

بِالُّصَّحْنِ لَوْمَةَ لَائِمْ خَابِرْ يَرَانِي ثَائِرْ

مَا بِالُفِكْرِ زَايِرْ دَارُوا بَغْيًا دَوَائِرْ

مِنْ هُونْ لَهُونْ سَايِرْ قَرْقَطِطْ عِظامِ طَائِرْ

حسام حمدان

كفر راعي/ بوسطن

٧/٥/٢٠٢٣

✳✳ ✳✳

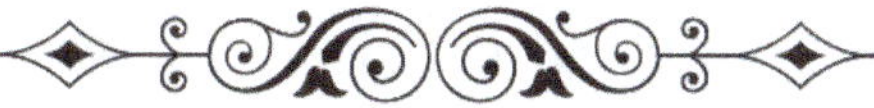

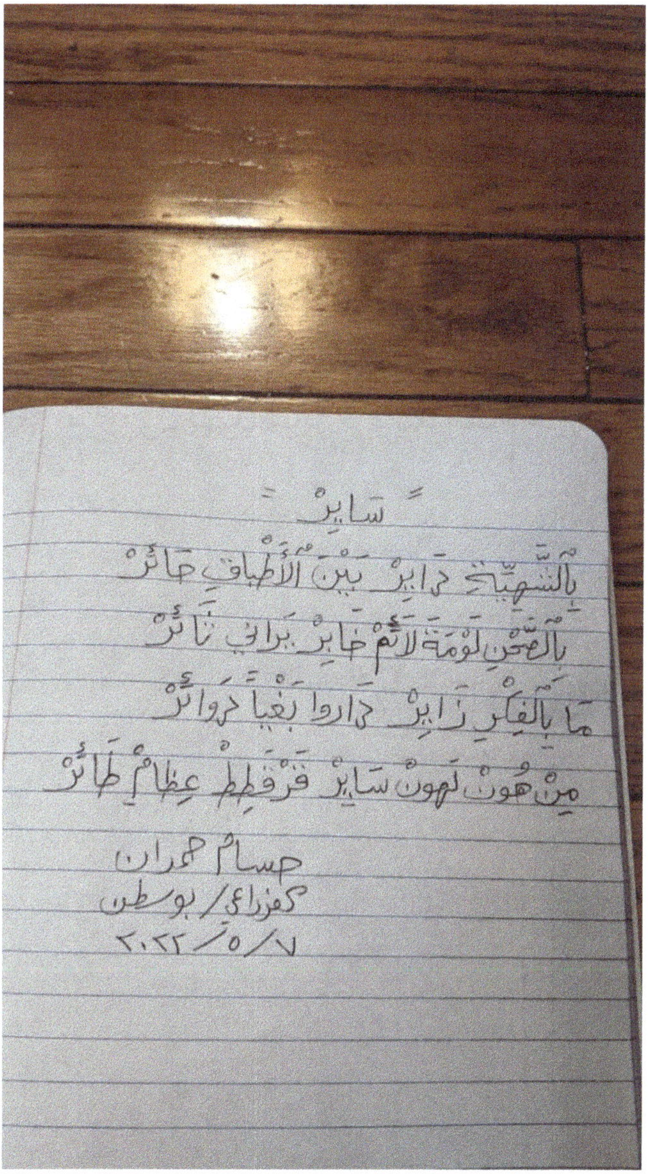

سَايِر

بِالسُّهيّةِ دَايِر بِين الأطيافِ حَائِر
بِالصَّحن لُومة لاتُمّ خَايِر بِرَانِي نَائِر
مَا بِالفِكر زَايِر حَارُوا بْغِيَا حَوَائِر
مِن هُون لِهُون سَايِر فَرقَطَهُ عِظَامٍ طَائِر

حسام حوران
كفرزراعي / بوطن
٢٠٢٢ / ٥ / ٧

زِرْ

زِرْ فَجِلْ حَمَارْ جِلْدُهُ وَبَيَاضْ قَلْبُهُ

مَعَ الشُّورَبَةْ أُقْرُشِ الْمِدَحْبَرْ وَغْرُشْ

قَلْبْ غَرَشْ بَيْنَ أَوْراقْ مَا غَرَسْ

حسام حمدان
كفر راعي/بوسطن
٢٠٢٣/٥/٩

❋❋ ❋❋

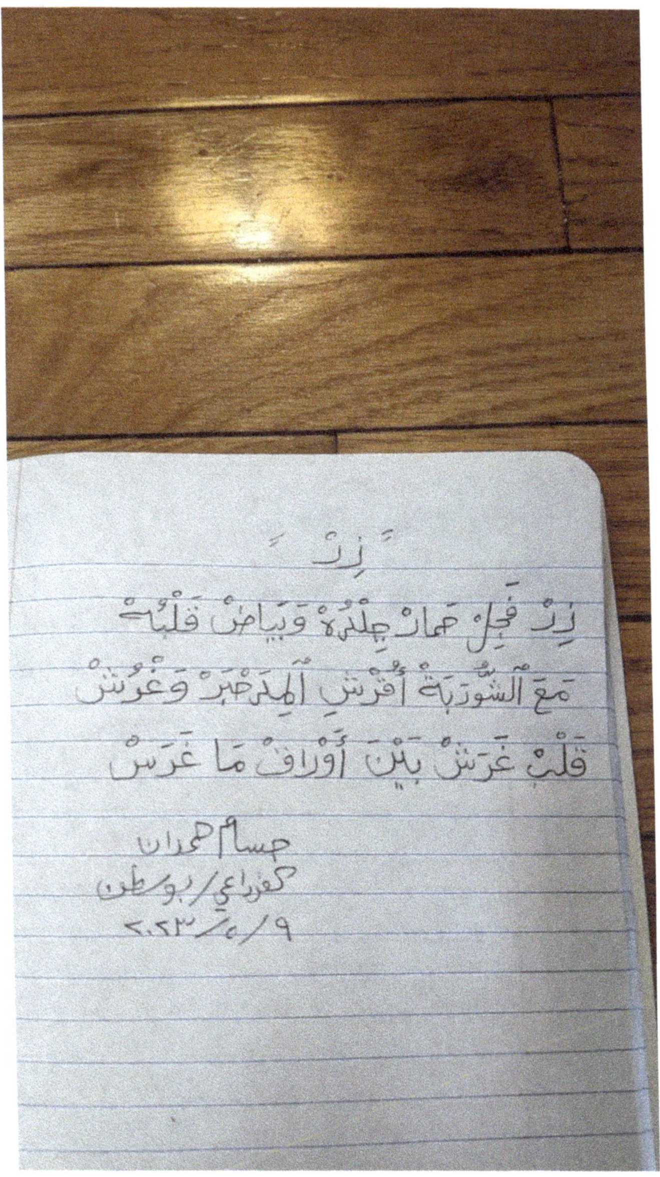
زِرّ

زِرٌّ فجلٌ عمانَ جلدُهُ وبياضُ قلبُهُ
مَعَ الشُّوربَة أقرَشُ المدَّخِرَ وعُوِّشَ
قلبٌ غُرِّشَ بين أوراقٍ ما غُرِّشَ

حسام حمدان
كفرداعي / بوطن
٩ / ٥ / ٢٠٢٣

دَبُّوس

غَزَّةْ دَبُّوسْ تَضُمْ تُعانِقْ تَبوسْ

نُقوطُهْ عَريسْ إِكْليلْ عَالرَّقَبِه تَدَلَّىٰ زِينَةْ فلوسْ

عِدْهِنْ يَمَّهْ بِسِدِّينْ حَقِّ اْلعِجِلْ

حسام حمدان
كفر راعي /بوسطن
٩/٥/٢٠٢٣

❊❊ ❊❊

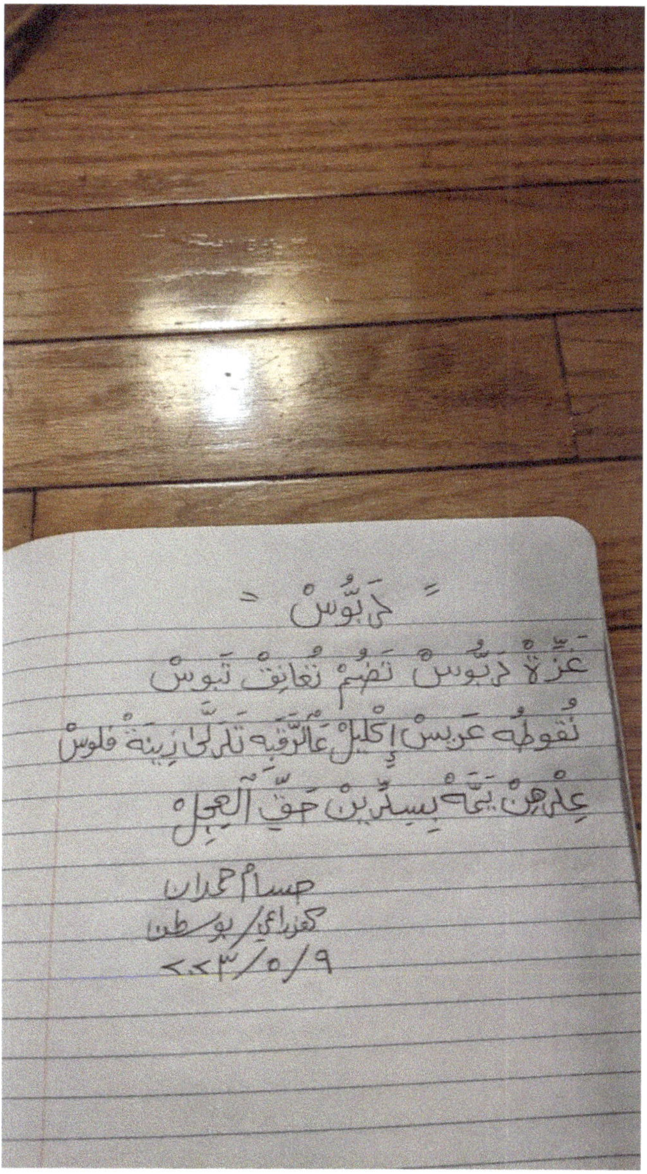
= دَبُّوسْ =

عَزَّةْ دَبُّوسْ تَضُمْ تْعَانِقْ تْبُوسْ

نُقُوطُهْ عَرِيسْ إِكْلِيلْ عَالرَّقَبِهْ تَلَالِي زِينِةْ فْلُوسْ

عِلْمِهِنْ بِيْتِهْ بِيسْتَرِيْنْ حَقّْ الْعِجِلْ

حسام حمدان

كفرياسيف/ بوسطن

٩/٥/٢٠٢٣

نَجَّاص

نَجِّينا مِنْ جَصَّةِ جَاصْ

تَجَسَّدَتْ أَمَامَنا حَبَّةْ نَجَّاصْ

مِسْتْوِيَّةٍ بِلِذَّةٍ مُنَمَّشةٍ وَبِمِلْسَةِ نَاصْ

حَلالٍ بِالْجِسْمِ جَرىٰ وَغَاصْ

حسام حمدان
كفر راعي بوسطن
١١/٥/٢٠٢٣

✱✱ ✱✱

تَجَامُن

نَحْيا مِنْ جِهَةٍ جامُن
تَجَسَّدَنْ أَمامَنا حَبَّةٌ نَجامُن
مَنْثوياتٌ بِلَحْمٍ مُنْثَنَّةٌ وبِجَلْسَةٍ ناعُن
خلالٌ بالجِسْمِ جَرى وغامُن

حسام عمران
كفرائي / يوسطن
٢٠٢٣/٥/١١

طَوْعَة

بِالْعُرَّادِ مَشينا عَلىٰ عَرْضِ الْطَّريفْ

طَبِّينا وَلَمَسبَّاتْ تَعَرَّضْنا مِنْ جَوانِبْ تَضيقْ

بِالْعِصْيانِ عَصاً تَجِدُّ الْعَجْرِ عَنيداً مَا طَاحَ

صُمودُ الْحَقِّ لاَ يَهِمُّهُ مَا جَاءَ وَراحْ

ضَيَّقْ الْمَنامْ بِالْفَجْرِ يَصْحَىٰ لَطَوْعَة مَطَاحْ

حسام حمدان
كفر راعي/ بوسطن
١٢/٥/٢٠٢٣

❋❋ ❋❋

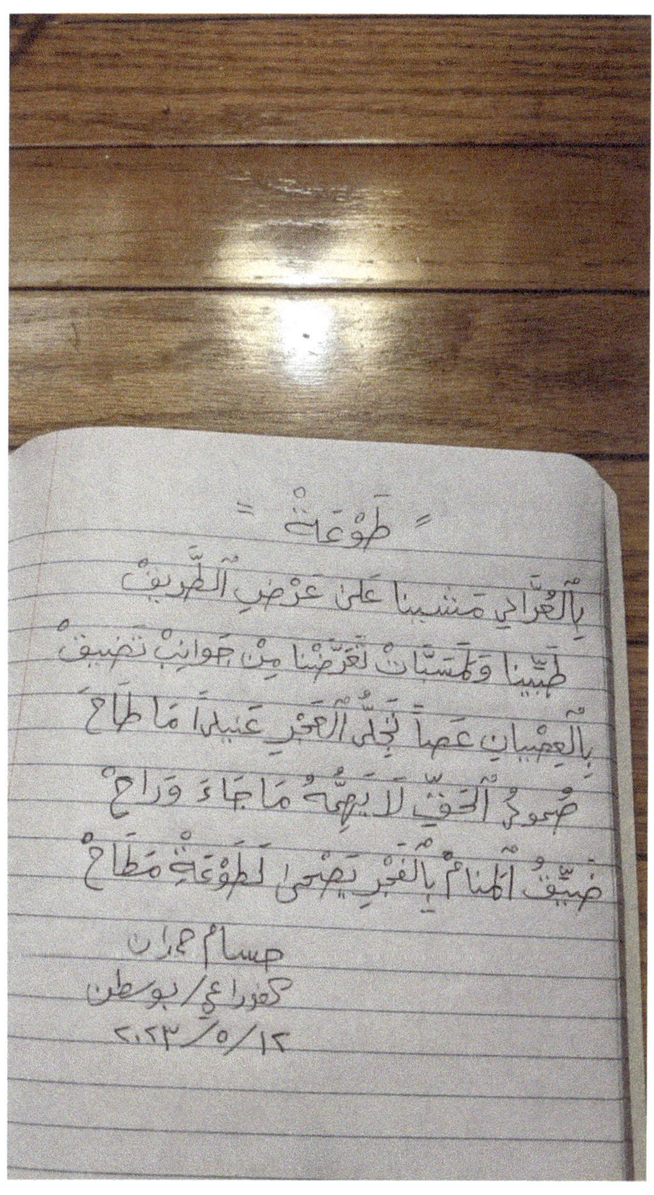

= طُوعَة =

بالعَراءِ مشينا على عرضِ الطريقْ

طيبينا ولمستانْ لعرضنا من جوانبْ تضيقْ

بالعطشان عمنا نجى العمرَ عيننا ما طاح

صحوى الحقّ لا يبيه ما جاءَ وراح

ضيفِ المنام بالفجرِ يصحى لطوعةِ مطاح

حسام حمران
كفراوي / بوطن
٢٠٢٣ / ٥ / ١٢

جِياب

مِنْ هُونْ لَهُونْ جِياب بَنْطَلونْ

قِرِشْ أَمْ مَلْيونْ لَلْيَدِّ مَمْنونْ

كُلَّما زَادَتِ الْجِياب كُلَّما بِالْحِمْل اْحْتِمالْ زَغْنونْ

عَرَبُّونْ عُونْ زَبونْ حَنونْ مِنْ هُونْ لَهُونْ

حسام حمدان
كفر راعي/بوسطن
١٢/٥/٢٠٢٣

❋❋ ❋❋

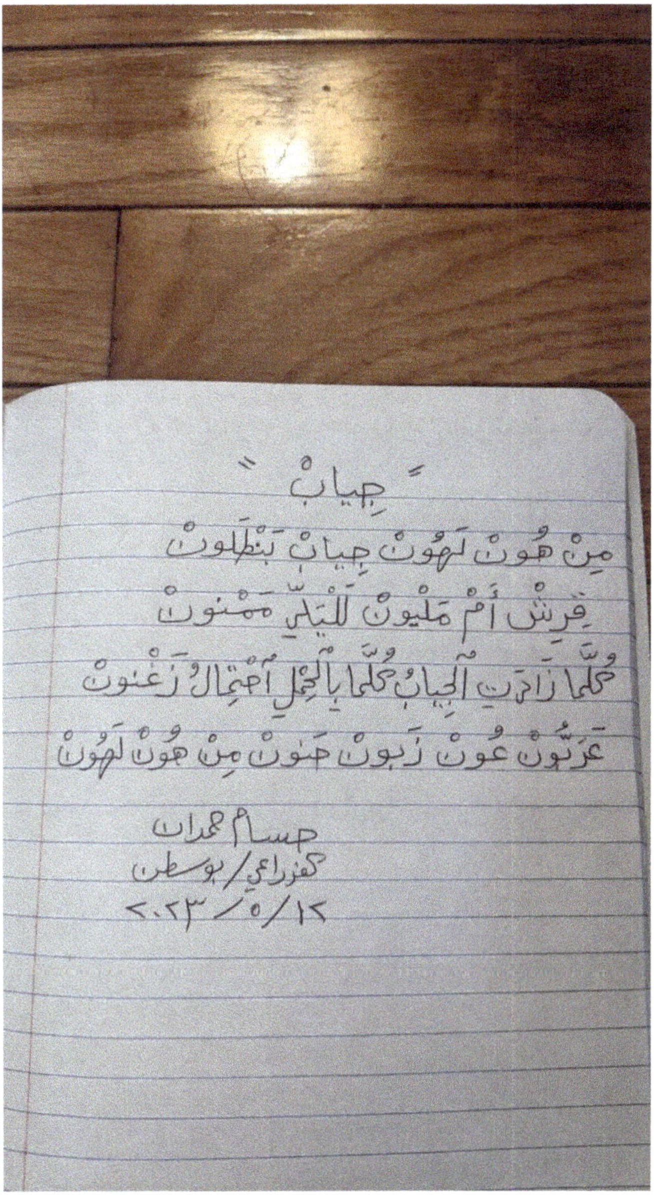

جياب

من هون لهون جياب تنطلون
قرش أم مليون للي ممنون
كلما زادت الجياب كلما بالحمل أثقال زعنون
عرضون عون نبون جنون من هون لهون

حسام حمدان
كفرامي / بوسطن
٢٠٢٣ / ٥ / ١٢

حِذَاءٌ

غَزَلْ عَزَلَ خِيطَانْ الْكَعْبِ غَزَالْ

مُصَمِّمُ الْأَزْيَاءِ صَمَّمَ الْحِذَاءِ لَمَشْيَةٍ وَرَقْصَةٍ أَبْرَاءْ

لَيْسَ عَدْلٌ أَنْ يَخْفِيهِ هِنْدَامٌ يَلْتَقِطُ غُبَارٌ وَيَحْجِبُ أَبْصَارٌ

حسام حمدان
كفر راعي بوسطن
١٤/٥/٢٠٢٣

** **

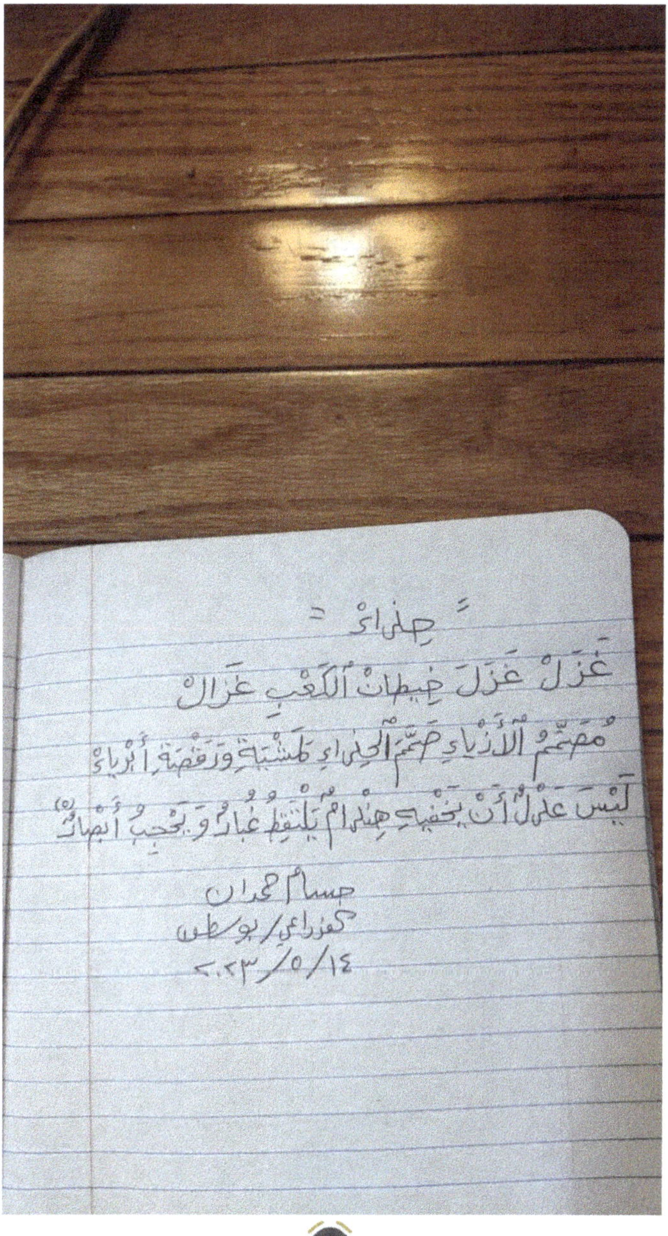

حِنَّائِي =

غَزَلَ غَزْلَ خِيطانُ الكَعْبِ غَزَالٌ

مُصَمِّمُ الأَزْياءِ صَمَّمَ الحِنَّاءِ كَمَشْيَةٍ وَقِصَّةٍ أَزْياءٍ

لَيْسَ عَدْلٌ أَنْ يُخْفِيَ هِنْدامُ ام يَلْقُطُ غُباراً وَ تَحْجُبُ أَبْصارٌ

حسام حمدان
كفرداعي / يوسطن
٢٠٢٣/٥/١٤

رِيحانْ

لَقِيتْ حَالِي بِالْخَلَىٰ قُلْت الْعَمَىٰ

جَلِيتْ الْجَلِيَاتْ بِلِيفَةٍ خَرِيصْ الرَّخِيصْ الْبَلَىٰ

عُوْنَةَ اللهْ عَالْوِجْهِ وَالْجَلَىٰ مَا يِدْرِي حَدَىٰ

بَيْنَ النَّمَىٰ إِنْتَصَب الرَّيحانْ وَإِعْتَلَىٰ

هَفِّتْ هَوَىٰ إِحْتَوَىٰ الدُّنْيا فِيها حَلَىٰ

حسام حمدان
كفر راعي / بوسطن
١٥/٥/٢٠٢٣

✳ ✳ ✳

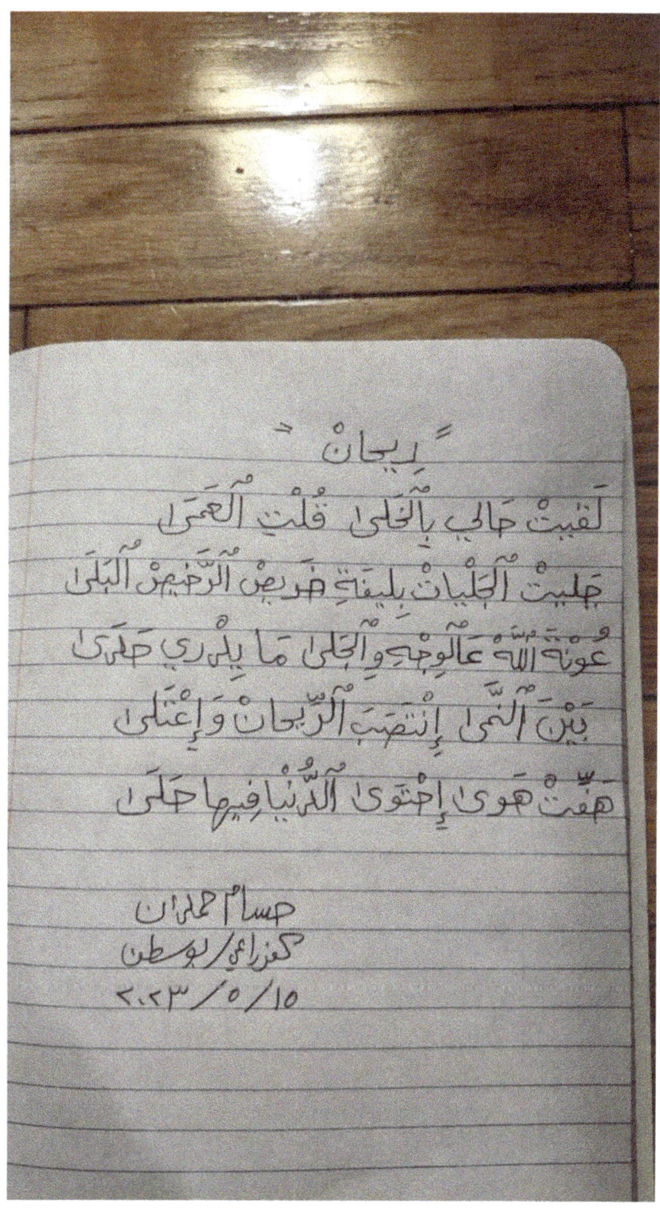
رَيحان

لَقِيتْ حالِي بِالحَلَى قُلتُ العُمُرَّا
جَلِيتْ الجَلِيّاتْ بِلِيقَةٍ فِرْبِضْ الرَّحِيضِ البُلَّى
عونَة اللّه عَالُوجِه والحَلَى ما يِذْرِي صَفَرَى
بَينَ النّهى انتَصِبْ الرَّيحان وَاعتَلَى
هفتْ هَوَى احتَوَى الدُّنيا فيها حَلَى

حسام حمدان
كفرائي / يوطن
٢٠٢٣ / ٥ / ١٥

أوْتار

لَلْحُرِّيَةِ وَالْاِسْتِقلالْ نُغَنِّي مَوَّالْ

يَمْشي وَيَرْقُصُ الْحُرِّ بِخطُواتٍ نَغْماتُها عَالْبَالْ

مِنْ هُونْ لَهُونْ رَفيقُ الْدَّرْبِ بِصراحَةٍ وَإِخْتِزالْ

عُيونْ لَا تَدْمعَي الْوَطَنْ مِنَّا وَفِينا أوْتارُهْ أَجْيالْ

حسام حمدان
كفر/ راعي بوسطن
١٥/٥/٢٠٢٣

❋❋ ❋❋

أَوْتَار
لِلْحُرِّيَّةِ وَالِاسْتِقْلَالِ نُغَنِّي مَوَّال
تَمْشِي وَتَرْقُصُ الْحُرَّ بِخُطُوَاتٍ نَغَمَاتُهَا عَالِيَ الْبَال
مِنْ هَوَتْ نَهْوَى رَفِيقَ الدَّرْبِ بِصَرَاحَةٍ وَاعْتِزَال
عُيُونٌ لِأَنَّكُمْ مَعِي الْوَطَنُ مِنَّا وَفِيًّا أَوْتَارُهُ أَجْيَال
حسام حمدان
كفر راعي / يوطن
٢٠٢٣/٥/١٠

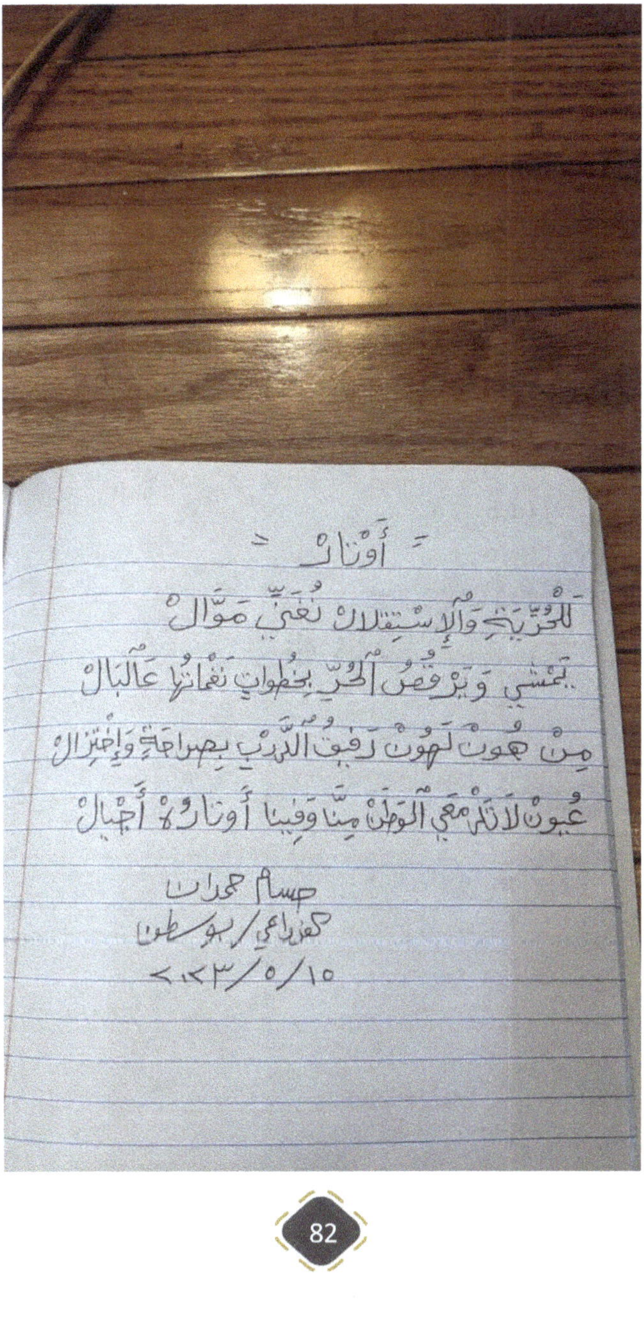

مَخْصومٌ

لَعْبةْ طَرنيبْ بِباصٍ الْطَنيبْ

مَخْصومْ تَمُرُّ أَمْ لَا يَا نَصيبْ

كَرْتَ الْشَّدَّةِ أَيسْ

عَبَسَ وَنَطْحَ الْتَّيَسْ

نَصبًا بِإنْتِصابْ لَفَتِّ مُعيبْ

حسام حمدان
كفرراعي بوسطن
٢٣/٣/٢٠٢٣

✳✳ ✳✳

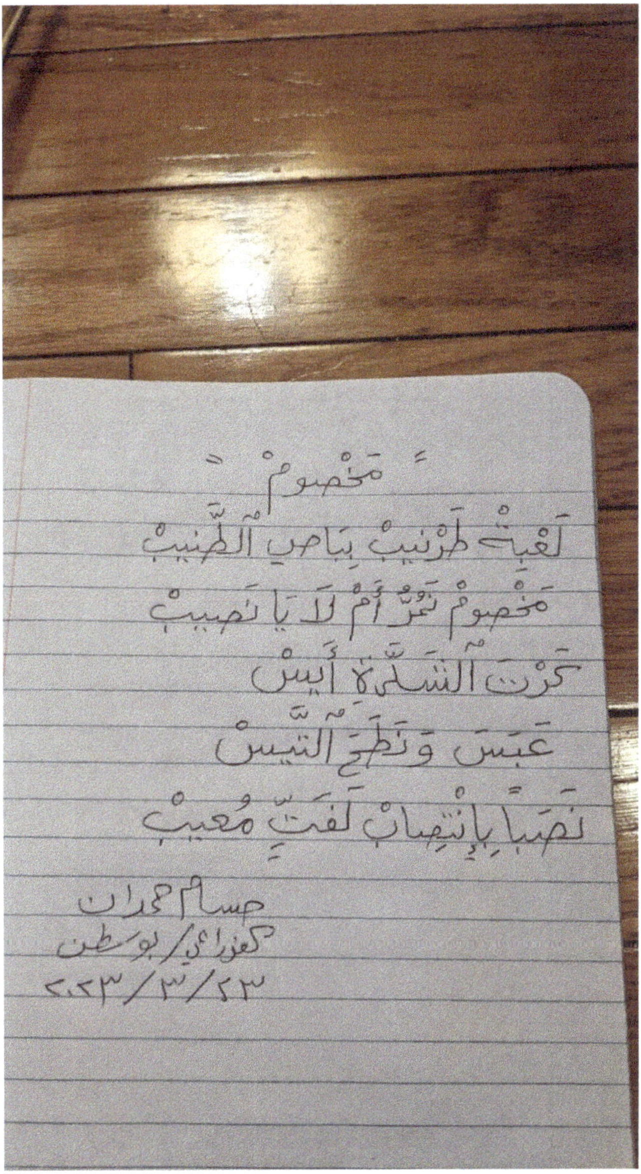

مَخْصُومْ
لَقِيتْ طَرْنِيبْ بِيَاصِي الطَّنِيبْ
مَخْصُومْ نَمَرْ أُمْ لَا يَا نَصِيبْ
كَرَّتِ الشِّيشَةِ أَيِّشْ
عَبَّسْ وَنَطَّحْ التِّيسْ
نَصَبَا بِانْتِصَابْ لَفَتِّ مَعِيبْ

حسام حمدان
كفرايا / بوطين
٢٠٢٣/٣/٢٣

مَهْما يَكونْ

يَخْرُجُ مِنْ بَطْنِها حِجارَةْ صِوّانْ

يَصِنُّ بِأُذْني صِداها بِحيطانٍ وَ جُدْرانْ

إنْبَنَتِ الْبيوت صُموداً وَرَدْعاً عَشانْ يَتنافَسُ الْجمالْ

بِعِلِّياتِ الْصَّبرِ وَبَرْنداتُ الْحَقِّ عِنوانْ

مَهْما يَكونْ هَكَذَا نَعيشُ لِلْعِمْرانْ

حسام حمدان
كفرراعي / بوسطن
١٥/٤/٢٠٢٣

❋ ❋❋

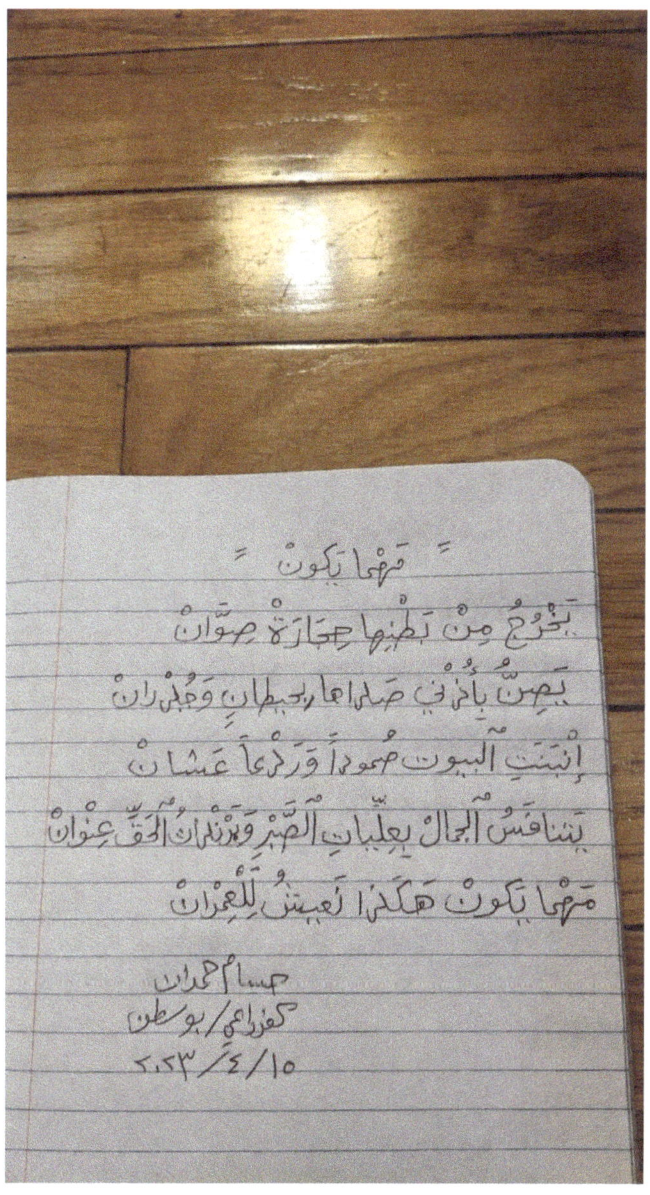

مهما يكون

تخرج من بطنها حجارة صوان
يصن بأني في صدها اعارب حيطان وجدران
انشت البيوت حصونًا وردءًا عشان
يتنافس الجمال بعليات الصبر ويزينان الحق عنوان
مهما يكون هكذا نعيش للعمران

حسام حمران
كفر امي / بوطن
٢٠٢٣ / ٤ / ١٥

قَسَمْ

أَقْسَمَ بِحَيَاتِهِ مَا نَرَاهُ إِلاَّ بِدَمْعَةِ عَيْنْ

طَلَّةٍ جَرَّتْ شَقَّتِ الْأَرْضِ بَحْرِينْ

زَوَاجْ ثِنْتِينْ وَطَلَاقْ إِثْنِينْ الْوَعْدِ عُمْرِينَ

رَيَتكْ مَا أَقْسَمِتْ فَبِالْظَّلَامِ لَا يَجْدِي كُحْلْ الْعَينْ

حسام حمدان
كفرراعي بوسطن
١٦/٥/٢٠٢٣

❈❈ ❈❈

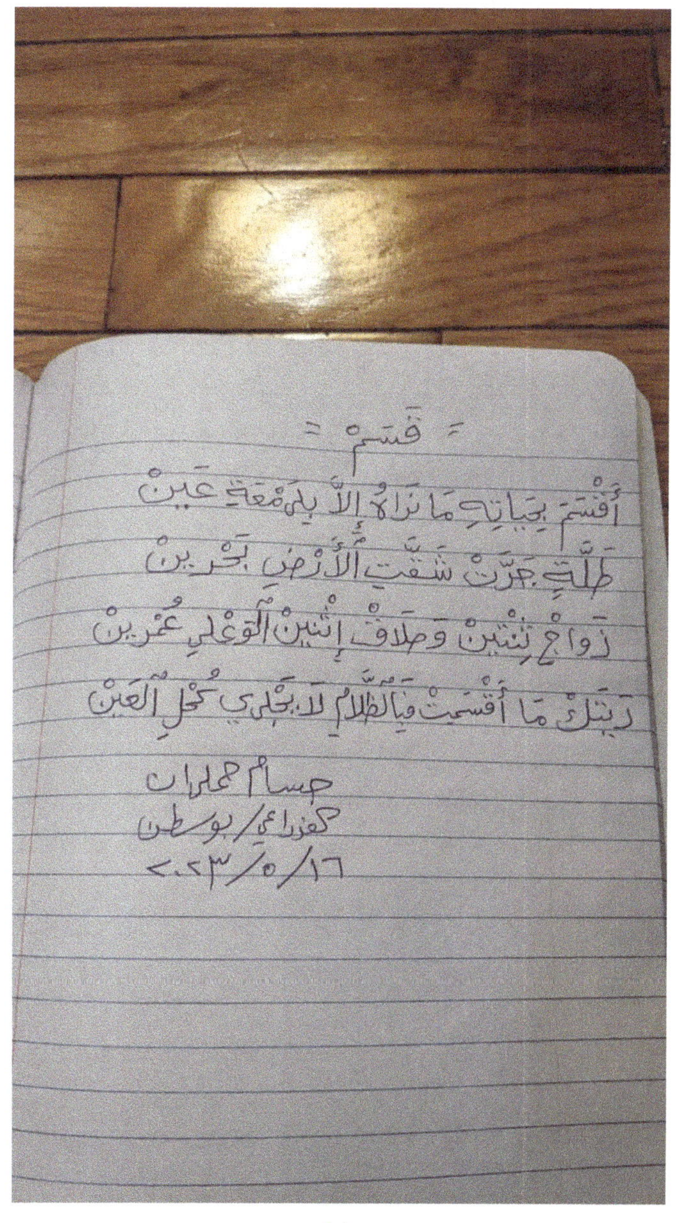
= قَسَم =
أُقسِمُ بِبَيانِهِ ما نَزالَ الـ بَينَ مُعَةِ عَينٍ
طَلَّةٍ جَرَّت شَقَّت الأرضِ بَحرَينِ
زَواجِ تِنَينِ وطَلاقِ إثنَينِ الوَغلِي عُمرَينِ
رَتَلَ ما أقسَمَت وبِالظَلامِ لا بِجَلِي كُحلِ العَينِ

حسام حملران
كفرايم / بوطن
٢٠٢٣/٥/١٦

عَصفورٌ

أَسمَرُ أَطرافِهِ وَمُنْقارِهِ صَفراءُ قِلادْتُّه ذَهَب

دَارَ حَوْلي لَقُوطَ قَشٍ بِأَيَّابٍ ذَهَب

مَشاوِيرِه أَيَّامٍ بَنىٰ عِشَّهُ بِالحَيطِ وَقَعَدْ

وَلَاءاً عَصافِيرٍ تَناوَبَتِ بِالقُعودِ لَمُدَّةٍ عَدَدْ

عَ آلحَيطِ نَظَرِتْ فِراخْ تِزَعْوِقْ تِطَلطِلْ بِعُيونٍ عَجَب

آلحَيطْ عَالي بَعْدَكْ طَري مَا آطَّيرْ طَيَّرْتِه طَنَب

حسام حمدان
كفرراعي/بوسطن
٢٠٢٣/٥/١٩

❋❋ ❋❋

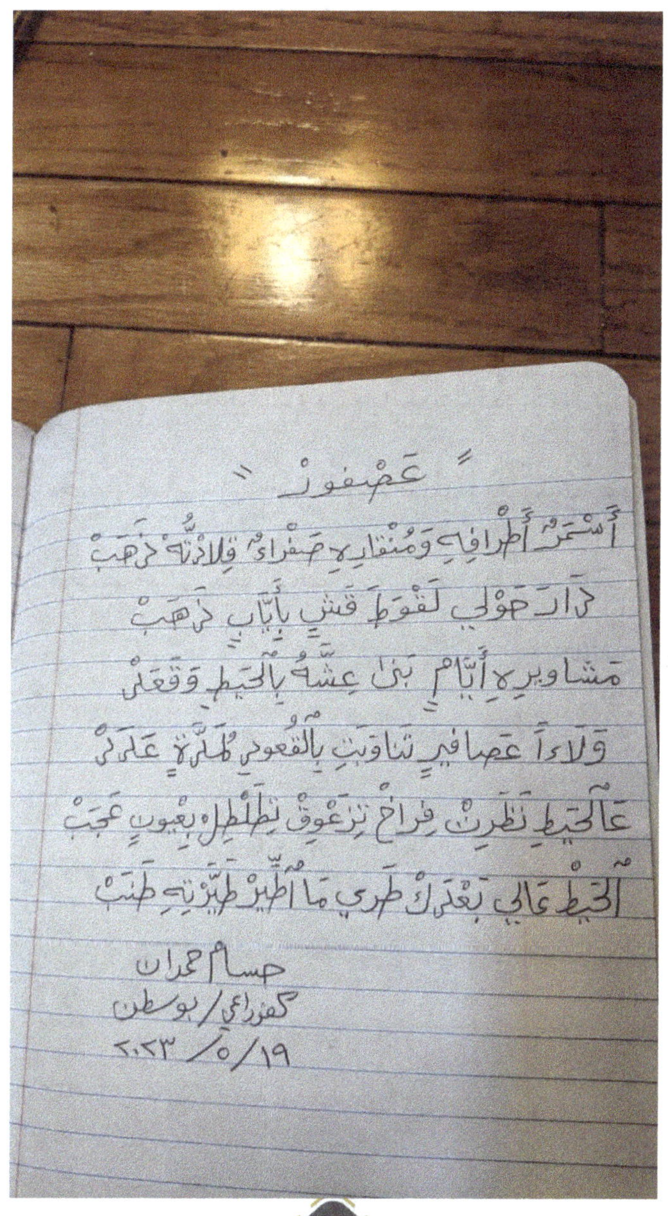

عُصْفُور

أسْمَرْ أطْرافُه وَمُنْقارُه حَمْراء قِلادَةٌ دَهَبْ

دار حَوْلي لَقَطْ قَشّ بأنياب دَهَبْ

مَشاويره أيّام بَنّ عِشّه بالخيط وَقَعْني

ولاءا عصافير تناوبت بالقعود كلش علّدّ

عالخيط نَطَرْن فِراخ نِزْغوق نْطَلْطِه بعيون عِجِبْ

الخيط عالي بُعْدَك طَري ما أطير طَيَّرته طَنّبْ

حسام حمران
كفرزعبي / بوسطن
٢٠٢٣/٥/١٩

حَقيقَهْ

وَاللهِ يُومُ الْجُمعَه يُظْهِرُ الْحُسْنَ فينا وَبينا

مِنْ مَكَارِمِ الْأَخْلاقْ . أَنْتَ جَدَعَاً حُرَّاً مُسْتَقِلاً

بِو لائِكَ لِتُراثِكَ وَإِحْترامُكَ لِتُراثِ غَيْرِكَ

حسام حمدان
كفر راعي / بوسطن
٢٠/٥/٢٠٢٣

✳ ✳✳

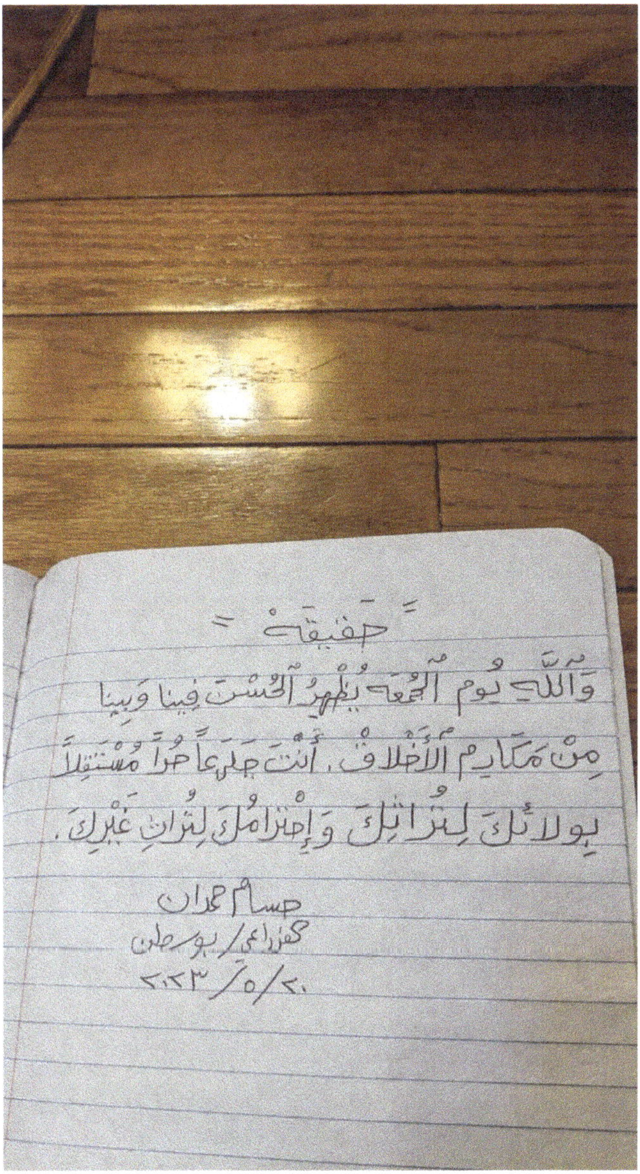

حَقِيقَة

والله يوم الجمعة يُظهر الحُسن فينا وبِنا
من مكارم الأخلاق، أنت جلدٌ عابرٌ مستقلاً
بولائك لتُرائك واحترامُك لتُران غيرك.

حسام عمران
كفرادعمي / بوسطن
٢٠٢٣/٥/٢٠

اَلْأُمُّ

مَهْما حَاوَلْتَ لَا مَحالاً

اَلْإبِنْ بِعِيونِ أُمِّهِ غَزالاً

قَلِقَةً بِصَمْتٍ خَائِفَةً عَلَيْهِ مِنْ سَهْمٍ صَيَّاداً

حسام حمدان
كفر راعي / بوسطن
٢١/٥/٢٠٢٣

❋❋ ❋❋

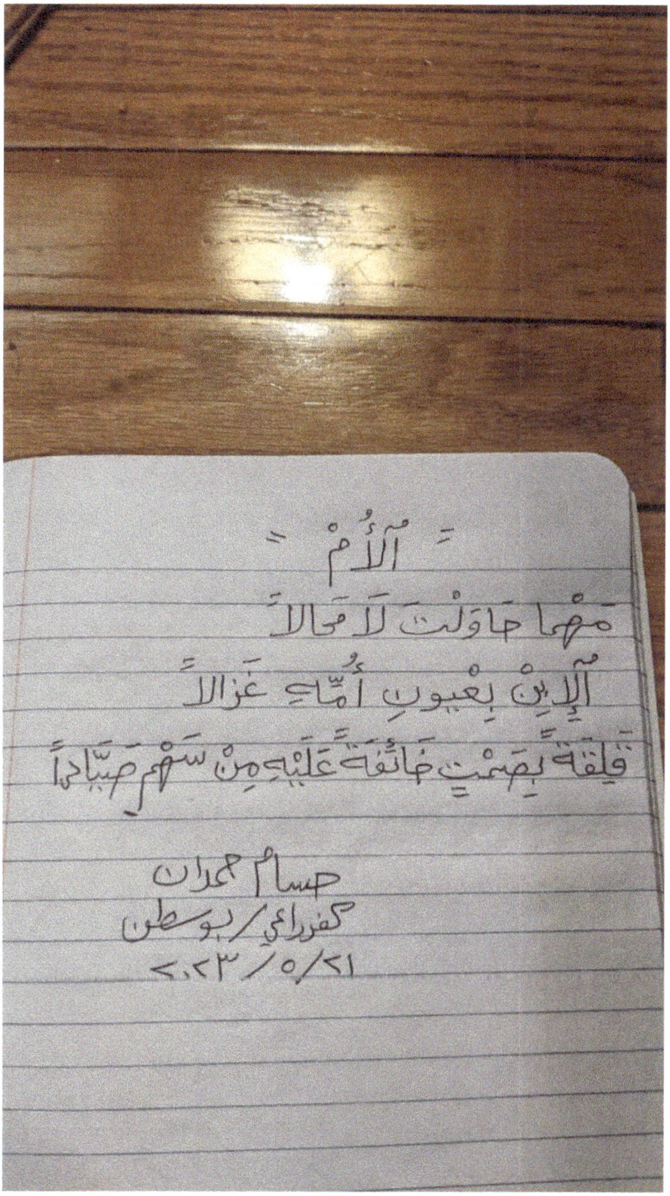

الأُمّ

مهما حاولت لا مجالا

الأين بعيون أمّاه غزالا

فلقة بصمت خائفة عليه من سهم صبّاها

حسام حمدان
كفرراعي / بوسطن
٢٠٢٣/٥/٢١

روح رمضان:

قرابا بعادا رمضان يهل علينا بروح تجمعنا بود وإحسان. بأول جمعة فيه شرعوا الأبواب والشبابيك لتمر النسائم من البيت العتيق. عبيق نسيمه بخور يشرح الصدور ويحنن القلوب وينور العقول.

دامت الجمعه طيبه ومباركة بصيام مقبول وفطور مهضوم. بالسحور سحر لا يدركه الا نفس تحيي الصمود سلاما قياما.

حسام حمدان
كفرراعي/بوسطن
٢٤ / ٣٢٠٢٣

*** * * ***

JERUSALEM

رأس المال:

إذا تعرضت لخسارة إدعوا الله أن يعطيك عافية الصحة وطولة العمر. بذلك ومع علمك و وعيك وخبرتك وتجربتك عندك المجال أن تعوض خسارة الماضي ومع درة ربح.

نحن نعيش بعالم سريع التغير، ومعه تأتي فرص العمل والإستثمار وعمار الديار.

ياما ناس خسرت لعقود، ولكن بإستمرار عافية الصحة وبعمر ما عوضت ما خسرت بالماضي وربحت من فوق ما تتخيل وتتصور.

فعــلا كيــف ومــن ويــن مــا نظرنــا، نــدرك أن راس المــال الحقيقي للإنسان هو عافية الصحة وطولة العمر. لا تطور وإبداع ولا طعم للدنيا بدونهم.

راس مال الحر حق وطنه حرا مستقلا بعافية صحه وطولة عمر.

أنعم الله علينا وعليكم بعافية الصحة وطولة العمر.

حسام حمدان
كفرراعي/بوسطن
٢٠٢٣/٣/٢٥

❈❈ ❈❈

أحيانا بالحنان إنصياع:

سمعها تغني "خذني بحنانك خذني، وعن الوجود إبعـدني". إنصاع بحنانه وحن عليها ليجد نفسه بلا حنين، لا يحن ولا يرن، لا يزور ولا يعين. لم يكن يدرك أن ما قصدته أنانيتها بالوجود هو (اهله، أصدقاؤه وأحبابه).

ما زالـت المغنيـة تغني، أسـتغل ويسـتغل الحنـان والقطـع ضـارب أطنابه وبحنحن أجراسه. لعـل حنـة مـن حناته يمـه يابا اخ تفلك راسه وعيد صوابه.

حسام حمدان
كفرراعي/بوسطن
٢٠٢٣/٤/١

❋ ❋

معيشة:

لنعيش عشنا قانطين الغيظ، زرعنا الأمل املين بـالغيث. خرجت من الأرض رجالا قوامين على الحق بلا عبث.

حسام حمدان
كفرراعي/بوسطن
٢٠٢٣/٤/٣

✾✾ ✾✾

ولا هي حكومه دينيه متطرفه ولا كشل، بل مرحله إنتقاليه لطموحات شعب الكيان وأعوانه للسيطره الكامله على المقدسات في الديانات الثلاثه وعلى أهم الاراضي للربح المادي الهائل بالمستقبل -فلوس فلوس فلوس...يحبون المال حبا جما...حتى على قطع رقبتي ورقبتك.

حكومة هذا الكيان كغيرها بالسابق بتصرفات وأفكار جديده لتهيء وتسوقها لأعوانها الكبار لتصبح واقع جديد على الأرض وليكون مرحلة من المراحل لتحقيق هدف الكبان الأساسي.

سؤال يطرح نفسه: هل ضم الاراضي وبناء المستعمرات الغير شرعيه بالقانون الدولي تحت الحكومات الديمقراطيه للكيان حدا قانونيا وأخلاقيا وإنسانيا إعتبرها تطرف/ متطرفه؟إنه تطرف عقاري بحد ذاته، ولكن

منحوهم جوائز نوبل للسلام على شعبا ما زال تحت إضطهاد وأبارتهايد ويفاوض على ٢٢٪ من وطنه بلا جدوى.

حسام حمدان
كفرراعي/بوسطن
٢٠٢٣/٤/٧

تعسيف:

قبل ثلاثة شمس الربيع طلت علي من الشبابيك وانا جالس بغرفة لقعاد، دفعه وحده قررت أعسف الدار.

عينت خمس عمال، شالوا الأثاث والمصالح هدت بيوت الشعشبون وخزوق الجدران إنسدت بموات إليكترون وجبله فيها كربون. دهنوا السقوف والحيطان ولوحات جديده علقت لتعكس عن مواضيع ومواقف جديده تخلىٰ عنها الخريف والشتاء.

ب‌القرنة حطيت أم العرب وقلت للزمن خذني معاك، عساه لا يزهق مني ويقحشني عفاك.

حسام حمدان
كفرراعي/بوسطن
٢٠٢٣/٤/١٠

خصوصية:

يوجد ناس وحكومات لا تراعي خصوصية وحرمة

المسكن والساكن، ما زالوا يقتحمون ويدخلون البيوت من ظهورها.

مهما تحصنت الأبواب، بدون وجود أخلاق وقوانين مطبقة تحمي الساكن من الإختراق المفاجئ لسكنه/ لسكنها/ لسكنهم فغنى عن تلك الحصانة. والأدهى والأمر إن كنت تعيش بمكان تحت حكم عسكري، لا خصوصية لك ولمسكنك ولعيالك. سببا للسعي والمطالبة ب الحرية والإستقلال.

كيف ومن أين ومتىٰ ولماذا حدا يدخل بيتك يحدد ويعبر عن مدىٰ ومستوىٰ حريتك وإستقلالك.

أدرك دائما أن جنة الإنسان بيته بما فيه من أثاث ولوحات وديكورات وطحابيش ونفوس وخصوصيات.

حسام حمدان
كفرراعي/بوسطن
٢٠٢٣/٤/١٢

❋❋ ❋❋

ليلة من ليالي الوتر، مقاس الحر فتر. إنه قريب عفو كريم يحب العفو يعفو عنا.

طابت جمعة مباركه بركتها ألف شهر.

حسام حمدان
كفرراعي/بوسطن
٢٠٢٣/٤/١٤

❊❊ ❊❊

بعيـد الفصـحىٰ، تنحني الخيـل لجمـال العروبـة برقصـة أنـا عربـي. عيـد مبـارك عليـكم بـالعافيـه والسـعاده والسلامه.

حسام حمدان
كفرراعي/بوسطن
٢٠٢٣/٤/١٦

❇❇ ❇❇

لليش حاشره:

على مقولة النوابلسية "يفضح ولا ب القلب يسطح"، يلا يا تاريخ أظرتلك فص:

نحن العرب بجمال مميز جسديا وروحيا وعقليا وتضاريسيا وجنسيا. لذلك السبب أتوا إلينا متصنعين ومغتصبين. نحن طلة الغريب بسلام تبهرنا للتقرب وأحيانا للإنصياع عجبا ونكرم الضيف.

ليتهم يدركون ويطلوا علينا ويأتوا إلينا كما هم على طبيعتهم في بلادهم -لينالوا الصداقة والحب والاحترم والتقدير على المدى الطويل بنبض وجص.

حسام حمدان
كفرراعي/بوسطن
٢٠٢٣/٤/١٦

موعد:

اليوم علىٰ موعد مع المحاسب، سأعرف قديش للحكومه علي ضرائب. ما دام في ربح وب الظن صائب، يد حتدفع ويد حتجبر وترد مصائب.

حسام حمدان
كفرراعي/بوسطن
٢٠٢٣/٤/١٧

ركوب:

صاب الظن وصد وخيمة عواقب، صهيل ب العنان وإلىٰ الدنيا والخير راكب. سنلتقي عقصعة البير بكرب، وحياة الشارب ملي وإشرب.

حفزة حافر كلنا ب الإحسان أقرب ومعاي أركب.

حسام حمدان
كفرراعي/بوسطن
٢٠٢٢/٤/١٨

خشية:

في قلوب إن قست تقسوا كالحجارة أو أشد قسوة، مما يؤدي إلىٰ هجر وتمرد وإعتداء وأذىٰ. بينما قسوة الحجر قد يتدفق منها الماء أو يسقط الحجر من خشية الله.

والله يقول ليس كل عالم يخشىٰ الله ولكن من يخشىٰ الله فهو عالم. نلاحظ أن العلم هنا عام وقد يكون بأي موضوع، ولهذا السبب الله حث علىٰ العلم لأنه من خلال ذلك العلم قد يتعلم أن يخشىٰ الله ويكون عالما بنظر الله – بغض النظر عن أصله وفصله وجنسه ودينه وبلده.

تصديقا لذلك يقول الله "إنما يخشىٰ الله من عباده العلماء". لاحظ أنه قدم المفعول وأخر الفاعل لأنه بـالقول فعليه حصريه.

ب الخلاصه نقول من يخشىٰ الله عالما يتقيه ومن يتقي الله يجعل له مخرجا، والمخرج هنا إدراك وبصيرة لتعايش سلمي بحرية وإستقلال وعمران.

حسام حمدان
كفرراعي/بوسطن
٢٠٢٣/٤/١٩

❋❋ ❋❋